西武バスの車両たち

text&photo ■ 編集部（2023年7月1日現在）

日野2SG-HL2ANBP）
：は20年から"S-tory
近年はラッシュ型座
車両が増加している。

JN093336

西武バスの車両の概要

西武バスグループの3社を合わせた2023年7月1日現在の車両数は、乗合918台（高速車66台含む）、貸切67台、特定217台、計1,202台となっている。メーカー別に見ると、いすゞ498台、三菱ふそう440台、日野155台、日産ディーゼル・UDトラックス96台、日産6台、トヨタ5台、BYD2台で、98年から導入されたいすゞ車、11年から導入された三菱車が現在の主力である。

●一般路線車

大型車は16年まで短尺ノンステップバスと中尺ワンステップバスを標準仕様とし、都区内では中扉4枚折戸も採用されていた。ワンステップバスには貸切使用を考慮して座席数を増やしたワンロマタイプが少数存在し、社内では"用途外車"と呼ばれている。16年から通勤通学輸送用としてラッシュ型座席配置のノンステップバスを採用。

西武バスの車両たち

A2-682（三菱QKG-MP35FM）
貸切使用を考慮して2人掛けシート、日除け、網棚を備えた車両は"用途外車"と呼ばれる。（2）

1736（日デKC-UA460HSN）
20年まで採用されていた"笹バスカラー"。22年に創立90周年を記念して3扉車が復活した。（3）

17年から短尺ノンステップバスに統一され、都区内には中扉ワイドドアのいすゞエルガが配置されている。なお、新型エルガの燃料タンクは営業所・年式ごとに左右双方が選択されている。

低公害車として、08年に日野製、13～17年にいすゞ製、18年以降に日野製のハイブリッドバスを導入。20年にはトヨタ製燃料電池バス、22年には中国BYD製電気バスが採用されている。

中型車は02年にワンステップバス、06年にノンステップバスが導入され、以後はノンステップバスのみを増備。新型エルガミオの燃料タンクは営業所・年式ごとに左右双方が選択されている。小型車は日野ポンチョが主力で、少数ながら日野リエッセも在籍する。

なお、02年式の一部からLED表示器を採用。15年から在来車を含む全車にフルカラーLED表示器が装着された。

1813（いすゞ2RG-RU1ESDJ）
高速バスには〈ライオンズエクスプレス〉がまとった"レジェンドカラー"が引き継がれた。（4）

1024（日野2TG-RU1ASDA）
貸切バスは80年から"ライオンズカラー"となる。西武グループ全社共通のデザインである。（5）

●高速車・貸切車

　高速車はいすゞガーラハイデッカーが中心で、新潟・上越・富山・鳥羽・勝浦・白浜線が中央トイレの３列シート、その他の都市間路線と空港連絡路線が後部トイレの４列シートである。

　貸切車は日野セレガとガーラが中心で、豪華仕様のスーパーハイデッカー「レグルス」のほか、トイレつきやリフトつきのハイデッカーなどもある。

●特定車

　特定車はいすゞエルガが半数以上を占め、近年はノンステップバスとなっているが、路線車にはない長尺やトップドアも選択されている。その他、トイレつきのガーラからマイクロバス、ワンボックスタイプまで多彩な顔ぶれである。一般路線車からの転用も行われており、少数ながら契約先から引き継いだ自家用タイプも在籍している。

西武バスの車両たち

西武総合企画の特定バスは契約先のオーダーにより、さまざまな仕様・デザインが採用されている。高校や大学の生徒輸送用車にはカラフルなものが多い。

（6）S-105（いすゞ2KG-LV290N3）
（7）S-078（いすゞ2PG-LV290Q3）
（8）S-083（いすゞ2RG-LV290N3）
（9）S-016（三菱QKG-MP35FP）
（10）S-054（三菱QKG-MP35FP）

（6）

（7）

（8）

（9）

（10）

●社番解説

⇒一般路線車： A 6 - 141
　　　　　　　 ①② 　③

①用途
　A：乗合／B：かつての貸切記号
②年式（製造年西暦の下1桁）
③固有番号
⇒高速車・貸切車： 1 7 5 7
　　　　　　　　　 ④⑤ 　⑥
④事業者

１：西武バスグループ各社／２：伊豆箱根バスグループ各社／３：近江鉄道グループ各社
⑤年式（製造年西暦の下1桁）
⑥固有番号
⇒特定車： S - 413
　　　　　 ⑦ 　⑧
⑦用途
　S：特定車
⑧固有番号

A6-166 （いすゞPA-LR234J1）　　(11)

A8-287 （いすゞPDG-LR234J2）　　(12)

A1-573 （いすゞPDG-LR234J2）　　(13)

S-352 （いすゞBDG-RR7JJBJ）　　(14)

A3-645 （いすゞSDG-LR290J1）　　(15)

S-039 （いすゞSKG-LR290J1）　　(16)

A7-110 （いすゞSKG-LR290J2）　　(17)

A7-135 （いすゞSKG-LR290J2）　　(18)

A8-908（いすゞ2KG-LR290J3）　　　（19）

A0-208（いすゞ2KG-LR290J4）　　　（20）

A3-380（いすゞ2KG-LR290J4）　　　（21）

S-079（いすゞ2DG-RR2AJDJ）　　　（22）

S-381（いすゞPJ-LV234L1）　　　（23）

S-402（いすゞPJ-LV234L1）　　　（24）

1594（いすゞPJ-LV234N1）　　　（25）

S-274（いすゞPJ-LV234N1）　　　（26）

S-319 （いすゞPJ-LV234N1） (27)

S-416 （いすゞPKG-LV234L2） (28)

A0-519 （いすゞPKG-LV234L2） (29)

A9-334 （いすゞPKG-LV234N2） (30)

S-373 （いすゞPKG-LV234N2） (31)

A0-433 （いすゞPKG-LV234N2） (32)

S-491 （いすゞPKG-LV234Q2） (33)

S-435 （いすゞLKG-LV234N3） (34)

S-011 （いすゞLKG-LV234N3） （35）

A4-764 （いすゞQKG-LV234L3） （36）

S-017 （いすゞQPG-LV234N3） （37）

S-432 （いすゞQPG-LV234N3） （38）

S-023 （いすゞQPG-LV234Q3） （39）

A3-407 （いすゞQQG-LV234L3） （40）

A6-943 （いすゞQDG-LV290N1） （41）

A6-974 （いすゞQDG-LV290N1） （42）

S-058 (いすゞQDG-LV290N1) (43)

A6-886 (いすゞQSG-LV234L3) (44)

S-066 (いすゞ2DG-LV290N2) (45)

A9-36 (いすゞ2PG-LV290N2) (46)

S-074 (いすゞ2PG-LV290N2) (47)

S-067 (いすゞ2PG-LV290Q2) (48)

S-070 (いすゞ2PG-LV290Q2) (49)

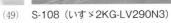

S-108 (いすゞ2KG-LV290N3) (50)

A9-102 （いすゞ2PG-LV290N3） (51)

A0-137 （いすゞ2PG-LV290N3） (52)

A3-371 （いすゞ2RG-LV290N3） (53)

1885 （いすゞPKG-RU1ESAJ） (54)

1098 （いすゞLKG-RU1ESBJ） (55)

1448 （いすゞQRG-RU1ASCJ） (56)

1213 （いすゞQPG-RU1ESBJ） (57)

1215 （いすゞQPG-RU1ESBJ） (58)

S-051（いすゞQTG-RU1ASCJ） (59)

1790（いすゞQTG-RU1ASCJ） (60)

1780（いすゞQRG-RU1ESBJ） (61)

1803（いすゞ2TG-RU1ASDJ） (62)

1808（いすゞ2TG-RU1ASDJ） (63)

S-258（日産PA-ACW41） (64)

S-332（日産PA-AVW41） (65)

S-322（日産PA-AHW41） (66)

S-294（日産PA-AJW41）　　　　（67）

1730（日デPB-RM360GAN）　　　（68）

S-266（日デPB-RM360HAN）　　（69）

S-287（日デPB-RM360HAN）　　（70）

A9-350（日デPDG-RM820GAN）　（71）

A0-482（日デPDG-RM820GAN）　（72）

1595（日デKL-UA452MAN）　　　（73）

S-250（日デKL-UA452MAN）　　（74）

S-299（日デADG-RA273MAN） (75)

S-318（日デADG-RA273MAN） (76)

A9-375（日デPKG-RA274KAN） (77)

S-346（日デPDG-RA273MAN） (78)

1816（日デPKG-RA274MAN） (79)

S-375（日デPKG-AP35UK） (80)

A9-347（日デPKG-AP35UK） (81)

1834（日デPKG-AP35UM） (82)

S-383（日デPKG-AP35UM）　　　（83）

S-469（日デPKG-AP35UM） （84）

S-384（UD PKG-AP35UM） （85）

S-391（UD PKG-AP35UP） （86）

S-417（UD LKG-AP35FM） （87）

A0-534（UD LKG-AP37FK） （88）

S-026（トヨタLDF-KDH223B） （89）

S-044（トヨタCBF-TRH223B） （90）

1537（トヨタCBF-TRH228B） (91)

S-101（トヨタ3BF-TRH223B） (92)

A0-222（トヨタZBC-MUM1NAE） (93)

S-071（日野SKG-XZB60M） (94)

S-064（日野SKG-XZB70M） (95)

S-081（日野2KG-XZB60M） (96)

S-093（日野2KG-XZB70M） (97)

A2-805（日野KK-RX4JFEA） (98)

A7-188（日野PB-RX6JFAA）　　　（99）

S-306（日野PB-RX6JFAA）　　　（100）

A6-169（日野ADG-HX6JLAE）　　（101）

A1-563（日野BDG-RX6JFBA）　　（102）

A9-367（日野BDG-HX6JHAE）　　（103）

A7-255（日野BDG-HX6JLAE）　　（104）

A7-151（日野SDG-HX9JHBE）　　（105）

A5-850（日野SDG-HX9JLBE）　　（106）

A9-997 （日野2DG-HX9JHCE）　　（107）

A8-933 （日野2DG-HX9JLCE）　　（108）

S-492 （日野PKG-KV234Q2）　　（109）

S-440 （日野BJG-HU8JLFP）　　（110）

A8-618 （日野2SG-HL2ANBP）　　（111）

1880 （日野BDG-RU8JHAA）　　（112）

1764 （日野PKG-RU1ESAA）　　（113）

1878 （日野PKG-RU1ESAA）　　（114）

1207（日野LKG-RU1ESBA） (115)

1449（日野QRG-RU1ASCA） (116)

1566（日野QTG-RU1ASCA） (117)

S-049（三菱TPG-BE640E） (118)

S-025（三菱TPG-BE640G） (119)

S-111（三菱2RG-BE740E） (120)

S-112（三菱2RG-BE740G） (121)

A2-624（三菱SKG-MK27FH） (122)

A3-539 （三菱TKG-MK27FH）　　　（123）

A2-620 （三菱LKG-MP35FK）　　　（124）

A2-628 （三菱LKG-MP35FK）　　　（125）

A1-584 （三菱LKG-MP35FM）　　　（126）

A2-662 （三菱LKG-MP35FM）　　　（127）

A2-635 （三菱LKG-MP37FK）　　　（128）

A2-673 （三菱QKG-MP35FK）　　　（129）

A6-884 （三菱QKG-MP35FK）　　　（130）

A2-674 （三菱QKG-MP35FM）　　（131）

A5-836 （三菱QKG-MP35FM）　　（132）

A6-878 （三菱QKG-MP35FM）　　（133）

A2-684 （三菱QKG-MP37FK）　　（134）

A3-505 （三菱QKG-MP37FK）　　（135）

A6-984 （三菱QKG-MP38FK）　　（136）

A9-33 （三菱2PG-MP38FK）　　（137）

A0-167 （三菱2PG-MP38FK）　　（138）

1440（三菱QRG-MS96VP） 　　　　（139）

1791（三菱QTG-MS96VP） 　　　　（140）

1028（三菱2TG-MS06GP） 　　　　（141）

A2-385（BYD K8） 　　　　（142）

営業所別・車種別車両数

営業所＼車種	いすゞ 乗合	高速	貸切	特定	日産 特定	日産ディーゼル 乗合	貸切	特定	トヨタ 乗合	貸切	特定	日野 乗合	貸切	特定	三菱ふそう 乗合	高速	貸切	特定	BYD 乗合	合計
練馬営業所	15	26				3	1					3			38	4				90
上石神井営業所	39					3	1					21			62					126
滝山営業所	38						1					20			27					86
西原車庫							1								34					35
小平営業所	8					1	1					15			53					78
立川営業所	18						1					4			14					37
新座営業所	58											11			34		1		2	106
所沢営業所	40	4				1	2		1			13			39	5				105
大宮営業所	27		1			6						3			35					72
川越営業所	15					2	1					8			21					47
狭山営業所	17						1					8			20					46
飯能営業所	14					1						1			22					38
西武バス合計	289	30	1			17	10		1			107			399	9	1		2	866
練馬営業所			5										12							17
大宮営業所		18	12														1			31
狭山営業所													18							18
秩父営業所	24											2	1		1					28
軽井沢営業所	5			1		5	1						4			8				25
西武観光バス合計	29	18	18			5	1					2	35		1	9				119
高野台営業所			3	4				3						2				3		15
所沢営業所				27				14						3				7		51
所沢センター				6				12						1				1		20
川越営業所				50	1			9						6				1		67
狭山営業所				10				14						1				1		26
飯能営業所				17	1			11										9		38
西武総合企画合計				113	6			63			3			11				21		217
グループ総計	318	48	19	113	6	22	11	63	1	1	3	109	35	11	400	18	1	21	2	1202

現有車両一覧表

ISUZU

PA-LR234J1(JBUS)

観 A6-141 熊200か1426 (06) 秩○
観 A6-145 熊200か1368 (06) 秩○
観 A6-155 熊200か1429 (06) 秩○
観 A6-163 熊200か1589 (06) 秩○
観 A6-164 熊200か1566 (06) 秩○
観 A6-166 熊200か1572 (06) 秩○
企 S- 370 所200か2148 (07) 所△

PDG-LR234J2(JBUS)

観 A7-241 熊200か1645 (07) 秩○
観 A7-247 熊200か1634 (07) 秩○
企 S-413 所200か1181 (07) 飯△
観 A7-259 熊200か1718 (07) 秩○
企 S-378 所200か2223 (08) 飯△
企 S-443 所200か2409 (08) 所△
観 A8-287 熊200か 807 08 秩○
観 A8-288 熊200か 808 08 秩○
観 A8-323 熊200か1790 (08) 秩○
観 A8-330 熊200か1761 (08) 秩○
A9-337 川200か 120 09 川○
企 S-472 所200か1279 (09) 所△
観 A9-352 熊200か1811 (09) 秩○
A0-523 所200か2329 10 狭○
A0-526 所200か1432 10 狭○
A0-537 所200か1459 10 新○
A1-573 練200か2486 11 上○
A1-601 所200か1553 11 新○

BDG-RR7JJBJ(JBUS)

企 S-352 練200か3078 09 高△

SDG-LR290J1(JBUS)

A3-445 所200か1746 13 飯○
A3-645 所200か1787 13 飯○

SKG-LR290J1(JBUS)

企 S-039 川200か 371 15 川△

SKG-LR290J2(JBUS)

A7-110 川200か 505 17 川○
A7-128 所200か2210 17 狭○
A7-135 練200か3334 17 練○
企 S-059 所200か2141 17 飯△
企 S-060 所200か2143 17 飯△
企 S-061 練200か3700 17 高△
企 S-062 所200か2146 17 所△
企 S-063 所200か2147 17 所△

2KG-LR290J3(JBUS)

A7-300 多200か3287 17 小○
A7-305 大200か2713 17 大○
A8-382 多200か3292 18 小○
A8-908 所200か2306 18 狭○
A9- 32 所200か2373 19 新○

2KG-LR290J4(JBUS)

A9- 65 大200か2871 19 大○
A9- 74 大200か2882 19 大○
A9- 75 川200か 590 19 川○
A0-144 所200か2436 20 所○
A0-152 所200か2434 20 狭○
A0-181 練200か3566 20 練○
A0-182 練200か3567 20 練○
A0-183 練200か3568 20 上○
A0-201 所200か2497 20 新○
A0-208 練200か3577 20 練○
企 S-080 川200か 604 20 川△
企 S-082 所200か2458 20 飯△
A0-225 所200か2518 20 所○
A1-226 練200か3594 21 上○
A1-227 練200か3595 21 上○
A1-244 練200か3603 21 練○
A1-248 所200か2570 21 所○
A1-254 所200か2574 21 新○
A1-256 所200か2573 21 所○
A2-266 所200か2585 22 所○
A2-279 練200か3626 22 上○
A2-325 練200か3673 22 練○
A2-338 所200か2630 22 所○
A2-340 練200か3687 22 練○
企 S-103 所200か2591 22 飯△
A3-344 所200か2639 23 所○
A3-354 川200か 668 23 川○
A3-355 練200か3691 23 練○
A3-361 所200か2647 23 所○
A3-363 川200か 669 23 川○
A3-380 所200か2656 23 狭○
A3-381 所200か2661 23 狭○

2DG-RR2AJDJ(JBUS)

企 S-079 練200か3557 20 高△

PJ-LV234L1(JBUS)

企 S-380 川200か 518 (05) 川△
企 S-381 所200か 955 (06) 飯△
企 S-402 所200か2271 (07) 狭△
企 S-419 所200か2350 (07) セ△
企 S-411 所200か2324 (07) 狭△

PJ-LV234N1(JBUS)

1594 大200か1215 (05) 大□
観 A5- 67 熊200か1562 (05) 秩○
企 S-398 所200か 934 (06) 所△
企 S-273 所200か 966 06 川△
企 S-274 所200か 973 06 所△
企 S-275 所200か 972 06 川△
企 S-276 所200か 984 06 飯△
企 S-277 所200か 985 06 飯△
企 S-431 川200か 565 (07) 川△
企 S-308 川200か 52 07 川△
企 S-309 川200か 53 07 川△

企 S-319 所 200 か 1147 07 飯

PKG-LV234L2(JBUS)

観 A7-253 熊 200 か 1675 (07) 秩○
観 A7-258 熊 200 か 1659 (07) 秩○
企 S-416 所 200 か 1479 (08) 飯△
　 A9-378 所 200 か 1337 09 所○
　 A9-413 所 200 か 1358 09 所○
　 A0-439 所 200 か 1369 10 飯○
　 A0-460 大 200 か 1913 10 大○
企 S-476 川 200 か 168 (10) 川△
　 A0-518 大 200 か 1983 10 大○
　 A0-519 大 200 か 1984 10 大○

PKG-LV234N2(JBUS)

観 A8-291 長 200 か 1721 (08) 軽○
企 S-408 所 200 か 1220 (08) 所△
企 S-372 川 200 か 576 (08) 川△
　 A8-331 川 200 か 117 08 川○
企 S-347 川 200 か 89 08 川△
観 A9-334 熊 200 か 1814 (09) 秩○
企 S-439 川 200 か 579 (08) 川△
観 A9-390 熊 200 か 1721 (09) 秩○
観 A9-418 熊 200 か 1709 (09) 秩○
企 S-364 川 200 か 123 09 川△
企 S-365 川 200 か 124 09 川△
企 S-366 川 200 か 125 09 川△
企 S-367 川 200 か 126 09 川△
企 S-373 所 200 か 1323 09 所△
観 A0-433 長 200 か 1946 (10) 軽○
観 A0-434 熊 200 か 1725 (10) 秩○
観 A0-465 長 200 か 1794 (10) 軽○
観 A0-466 長 200 か 1829 (10) 軽○
観 A0-467 熊 200 か 1751 (10) 秩○
企 S-441 川 200 か 589 (10) 飯△
観 A0-478 長 200 か 1743 (10) 軽○
観 A0-502 熊 200 か 1869 (10) 秩○
観 A0-503 熊 200 か 1839 (10) 秩○
　 A0-511 所 200 か 1434 10 所○
企 S-463 所 200 か 1948 (10) 所△

企 S-460 所 200 か 1450 (10) 所△
企 S-392 川 200 か 158 10 川△
企 S-393 川 200 か 159 10 川△

PKG-LV234Q2(JBUS)

企 S-491 川 200 か 307 (08) 川△

LKG-LV234N3(JBUS)

企 S-002 川 200 か 216 11 川△
企 S-003 川 200 か 217 11 川△
企 S-006 川 200 か 608 11 川△
企 S-435 川 200 か 206 11 川△
企 S-436 川 200 か 207 11 川△
企 S-011 所 200 か 1584 12 所△
企 S-012 川 200 か 255 12 川△
企 S-013 所 200 か 2056 12 所△
企 S-014 川 200 か 257 12 川△

QKG-LV234L3(JBUS)

　 A4-763 所 230 い 2019 14 所○
　 A4-764 所 200 か 1871 14 所○
　 A4-765 所 200 か 1868 14 飯○
　 A4-771 大 200 か 2373 14 大○
　 A5-796 所 200 か 1917 15 所○
　 A5-808 所 200 か 1918 15 所○
　 A5-811 所 200 か 1922 15 所○
　 A5-812 所 200 か 1923 15 所○
　 A5-813 所 200 か 1929 15 所○
　 A5-843 所 200 か 1963 15 狭○

QPG-LV234N3(JBUS)

企 S-017 所 200 か 1630 12 所△
企 S-018 所 200 か 1631 12 所△
企 S-019 川 200 か 281 12 川△
企 S-020 川 200 か 282 12 川△
企 S-027 川 200 か 304 13 川△
企 S-030 川 200 か 325 13 川△
企 S-036 川 200 か 340 14 川△
企 S-043 川 200 か 395 15 川△
企 S-046 川 200 か 420 15 川△

企 S-047 川 200 か 421 15 川△
企 S-432 川 200 か 573 (15) 川△
企 S-052 川 200 か 437 16 川△

QPG-LV234Q3(JBUS)

企 S-023 所 200 か 1716 13 飯△
企 S-031 所 200 か 1764 13 所△
企 S-033 所 200 か 1797 13 飯△
企 S-034 所 200 か 1810 13 飯△
企 S-035 所 200 か 1843 14 飯△

QQG-LV234L3(JBUS)

　 A3-202 練 200 か 2712 13 上○
　 A3-398 練 200 か 2753 13 上○
　 A3-407 多 200 か 2526 13 滝○
　 A3-408 多 200 か 2528 13 滝○
　 A3-664 多 200 か 2625 13 滝○

QDG-LV290N1(JBUS)

　 A5-856 所 200 か 1994 15 新○
　 A5-859 所 230 こ 2020 15 新○
　 A5-865 所 200 か 2022 15 新○
　 A5-868 所 200 か 2023 15 所○
　 A6-874 所 200 か 2026 16 所○
　 A6-876 所 200 か 2031 16 所○
　 A6-887 所 200 か 2039 16 所○
　 A6-888 所 200 か 2040 16 所○
　 A6-889 大 200 か 2522 16 大○
　 A6-890 川 200 か 433 16 川○
　 A6-901 所 200 か 2044 16 新○
　 A6-903 所 200 か 2053 16 所○
　 A6-905 所 200 か 2046 16 飯○
　 A6-918 練 200 か 3151 16 上○
　 A6-919 練 200 か 3152 16 上○
　 A6-939 大 200 か 2538 16 大○
　 A6-940 川 200 か 456 16 川○
　 A6-943 練 200 か 3171 16 上○
　 A6-944 多 200 か 3017 16 滝○
　 A6-948 所 200 か 2083 16 飯○
　 A6-949 川 200 か 459 16 川○

A6-951	所200か2616	16	飯○	
A6-954	所200か2085	16	所○	
A6-965	所200か2092	16	新○	
A6-971	大200か3073	16	大○	
A6-974	所200か2102	16	新○	
A6-979	練200か3230	16	上○	
A6-990	所200か2103	16	新○	
A6-991	所200か2109	16	新○	
A6-992	所200か2113	16	新○	
A6-995	所200か2116	16	狭○	
A6- 1	練200か3247	16	上○	
A6- 2	練200か3250	16	上○	
A6- 9	所200か2122	16	所○	
A6- 21	所200か2127	16	飯○	
A7- 30	川200か 667	17	川○	
A7- 34	所200か2132	17	狭○	
A7- 35	所200か2130	17	飯○	
A7- 38	所200か2131	17	飯○	
A7- 41	所200か2645	17	所○	
A7- 45	大200か3098	17	大○	
A7- 46	所200か2635	17	所○	
A7- 56	川200か 487	17	川○	
A7- 84	大200か2616	17	大○	
A7- 86	多200か3214	17	滝○	
A7- 93	多200か3212	17	立○	
A7- 95	所200か2183	17	新○	
A7- 96	大200か2639	17	大○	
A7- 98	多200か3223	17	滝○	
A7-100	所200か2623	17	所○	
A7-105	所200か2189	17	新○	
A7-106	所200か2190	17	所○	
A7-115	多200か3233	17	滝○	
A7-117	所200か2211	17	新○	
A7-118	所200か2204	17	所○	
A7-119	所200か2212	17	狭○	
A7-133	所200か2216	17	新○	
A7-134	大200か2674	17	大○	
企 S-057	所200か2134	17	セ△	
企 S-058	所200か2135	17	セ△	

QSG-LV234L3(JBUS)

A5-823	練200か3023	15	上○	
A6-873	大200か3105	16	大○	
A6-886	大200か3076	16	大○	
A6-902	大200か3044	16	大○	
A6-945	所200か2077	16	所○	
A6-975	所200か2099	16	所○	
A7- 81	所200か2159	17	所○	

2DG-LV290N2(JBUS)

企 S-065	所200か2276	18	セ△	
企 S-066	所200か2275	18	所△	

2PG-LV290N2(JBUS)

A7-172	所200か2231	17	所○	
A7-173	川200か 517	17	川○	
A7-197	所200か2230	17	狭○	
A7-249	所200か2229	17	狭○	
A7-290	所200か2654	17	所○	
A7-294	所200か2234	17	飯○	
A7-307	所200か2241	17	所○	
A8-328	多200か3290	18	滝○	
A8-369	多200か3295	18	滝○	
A8-401	所200か2252	18	新○	
A8-416	多200か3299	18	滝○	
A8-461	多200か3297	18	立○	
A8-469	所200か2259	18	新○	
A8-488	川200か 527	18	川○	
A8-489	所200か2258	18	飯○	
A8-521	多200か3304	18	滝○	
A8-528	所200か2261	18	新○	
A8-545	所200か2270	18	新○	
A8-548	大200か2723	18	大○	
A8-564	多200か3322	18	滝○	
A8-576	多200か3325	18	滝○	
A8-577	多200か3326	18	滝○	
A8-595	多200か3323	18	立○	
A8-632	所200か2283	18	新○	
A8-711	多200か3334	18	滝○	
A8-725	所200か2286	18	新○	

A8-726	所200か2287	18	新○	
A8-781	所200か2291	18	新○	
A8-803	所200か2299	18	新○	
A8-819	所200か2302	18	新○	
A8-882	多200か3357	18	立○	
A8-904	所200か2309	18	新○	
A8-907	所230を2020	18	狭○	
A8-912	多200か3370	18	滝○	
A8-913	所200か2321	18	所○	
A8-914	多200か3375	18	滝○	
A8-915	多200か3376	18	滝○	
A8-917	所200か2323	18	新○	
A8-923	川200か 547	18	川○	
A8-924	練200か3463	18	上○	
A8-925	練200か3468	18	上○	
A8-926	多200か3380	18	滝○	
A8-927	多200か3386	18	滝○	
A8-928	多200か3387	18	滝○	
A8-929	所200か2327	18	新○	
A8-931	所200か2330	18	飯○	
A8-934	大200か2800	18	大○	
A8-935	大200か2805	18	大○	
企 S-068	所200か2338	18	セ△	
A9-946	練200か3480	19	練○	
A9-947	練200か3482	19	練○	
A9-950	練200か3481	19	上○	
A9-982	所200か2346	19	新○	
A9-993	練200か3484	19	上○	
A9-994	練200か3490	19	上○	
A9- 5	練200か3495	19	上○	
A9- 18	大200か2845	19	大○	
A9- 19	練200か3506	19	練○	
A9- 22	所200か2372	19	新○	
A9- 36	練200か3507	19	上○	
A9- 37	多200か3452	19	滝○	
A9- 44	多200か3460	19	立○	
A9- 47	練200か3518	19	練○	
A9- 51	多200か3466	19	立○	
A9- 52	多200か3472	19	立○	
A9- 53	多200か3473	19	立○	

企 S-074 所200か2356 19 所△

2PG-LV290Q2(JBUS)
企 S-067 所200か2318 18 飯△
企 S-069 川200か 556 18 川△
企 S-070 川200か 554 18 川△
企 S-072 川200か 571 19 川△
企 S-073 川200か 572 19 川△

2KG-LV290N3(JBUS)
企 S-088 川200か 620 20 川△
企 S-089 川200か 621 20 川△
企 S-095 所200か2560 21 狭△
企 S-096 所200か2564 21 狭△
企 S-097 所200か2565 21 狭△
企 S-098 川200か 636 21 川△
企 S-099 川200か 637 21 川△
企 S-104 川200か 658 22 川△
企 S-105 川200か 659 22 川△
企 S-108 所200か2625 22 狭△

2PG-LV290N3(JBUS)
A9- 54 練200か3524 19 上○
A9- 55 所200か2387 19 新○
A9- 58 所200か2388 19 新○
A9- 61 所200か2394 19 新○
A9- 63 所200か2393 19 新○
A9- 70 多200か3488 19 滝○
A9- 72 所200か2403 19 新○
A9- 73 所200か2405 19 新○
A9- 92 多200か3494 19 滝○
A9-101 所200か2413 19 新○
A9-102 所200か2414 19 新○
A9-103 所200か2418 19 新○
A9-107 練200か3543 19 上○
A9-108 多200か3497 19 滝○
A9-121 所200か2427 19 狭○
A9-122 所200か2426 19 飯○
企 S-075 所200か2385 19 所△
A0-127 練200か3546 20 練○

A0-137 練200か3544 20 上○
A0-138 多200か3509 20 滝○
A0-143 所200か2433 20 所○
A0-147 大200か2902 20 大○
A0-148 川200か 598 20 川○
A0-154 練200か3547 20 上○
A0-158 多200か3518 20 滝○
A0-161 所200か2464 20 新○
A0-171 所200か2468 20 新○
A0-174 練200か3564 20 練○
A0-175 練200か3565 20 練○
A0-180 川200か 611 20 川○
A0-186 練200か3572 20 上○
A0-187 練200か3573 20 上○
A0-189 所200か2485 20 新○
A0-195 多200か3566 20 立○
A0-198 練200か3575 20 上○
A0-199 所200か2496 20 狭○
A0-206 多200か3572 20 滝○
A0-211 多200か3574 20 小○
A0-217 大200か2957 20 大○
A0-220 多200か3587 20 小○
A0-221 多200か3586 20 立○
A1-238 多200か3626 21 小○
A1-239 多200か3628 21 小○
A1-240 大200か3029 21 大○

2PG-LV290Q3(JBUS)
企 S-076 川200か 584 19 川△
企 S-077 川200か 594 19 川△
企 S-078 所200か2451 20 所△

2RG-LV290N3(JBUS)
企 S-083 所200か2504 20 狭△
企 S-084 所200か2506 20 狭△
企 S-085 所200か2508 20 狭△
企 S-086 所200か2507 20 所△
企 S-087 所200か2509 20 所△
A1-252 大200か3035 21 大○
企 S-090 所200か2530 21 所△

企 S-091 所200か2558 21 所△
企 S-092 所200か2559 21 所△
企 S-100 所200か2576 21 セ△
A2-280 多200か3680 22 立○
A2-283 多200か3683 22 滝○
A2-284 多200か3682 22 立○
A2-286 多200か3689 22 滝○
A2-292 練200か3643 22 上○
A2-293 所200か2611 22 新○
A2-295 練200か3644 22 上○
A2-296 練200か3647 22 上○
A2-297 多200か3693 22 滝○
A2-301 多200か3701 22 滝○
A2-302 多200か3696 22 立○
A2-304 所200か2614 22 新○
A2-308 多200か3704 22 滝○
A2-309 多200か3712 22 滝○
A2-310 練200か3653 22 上○
A2-312 多200か3705 22 小○
A2-316 多200か3713 22 小○
A2-318 所200か2620 22 新○
A2-319 練200か3654 22 上○
A2-320 練200か3659 22 上○
A2-322 所200か2621 22 新○
A2-326 練200か3669 22 上○
A2-327 練200か3680 22 上○
A2-329 多200か3718 22 立○
A2-332 多200か3716 22 滝○
A2-335 所200か2628 22 新○
A2-336 所200か2631 22 新○
A2-339 大200か3082 22 大○
企 S-102 所200か2590 22 所△
企 S-107 所200か2622 22 狭△
A3-341 多200か3724 23 滝○
A3-343 多200か3728 23 滝○
A3-345 多200か3726 23 立○
A3-346 多200か3729 23 立○
A3-348 多200か3732 23 立○
A3-351 所200か2636 23 新○
A3-353 所200か2643 23 新○

	A3-356	多200か3734	23	滝○
	A3-357	多200か3744	23	立○
	A3-358	所200か2644	23	新○
	A3-359	所200か2648	23	新○
	A3-360	所200か2653	23	新○
	A3-364	所200か2651	23	狭○
	A3-365	練200か3692	23	上○
	A3-366	練200か3693	23	上○
	A3-371	練200か3699	23	上○
	A3-372	所200か2658	23	新○
	A3-374	所200か2662	23	新○
	A3-379	大200か3109	23	大○
企	S-109	所200か2657	23	所△

PKG-RU1ESAJ（JBUS）

観	1757	大200か3067	(07)	大○
観	1763	長200か1825	07	軽□
観	1884	大230い1884	08	大□
観	1885	大230あ1885	08	大□
観	1094	大230い1094	10	大□
観	1096	大200か3058	(10)	大○
観	1097	大200か1986	(10)	大○

LKG-RU1ESBJ（JBUS）

観	1098	大200か2015	(10)	大○

QRG-RU1ASCJ（JBUS）

観	1323	大200か2259	(13)	大○
観	1446	大200か2368	14	大○
観	1448	大230あ1448	14	大□

QPG-RU1ESBJ（JBUS）

観	1213	練230い1213	12	練□
観	1214	練230い1214	12	練□
観	1215	大230い1215	12	大□
観	1216	大230い1216	12	大□
観	1321	大200か2813	(13)	大○
観	1322	大200か2820	(13)	大○
観	1431	大200か2920	(14)	大○
観	1433	大200か2921	(14)	大○
観	1437	大200か3014	(14)	大○
観	1438	大200か3015	(14)	大○

QTG-RU1ASCJ（JBUS）

観	1678	大230あ1678	16	大□
企	S-050	川200か429	16	川△
企	S-051	川200か430	16	川△
観	1789	練230あ1789	17	練□
観	1790	練230あ1790	17	練□

QRG-RU1ESBJ（JBUS）

観	1439	大200か3016	(14)	大○
観	1441	大200か3017	(14)	大○
	1443	練200か2928	14	練□
	1444	練200か2929	14	練□
	1447	練200か2950	14	練□
	1450	練200か2973	14	練□
	1451	練200か2974	14	練□
観	1553	大200か2967	(15)	大○
観	1556	大200か2970	(15)	大○
	1557	練200か3014	15	練□
	1558	練200か3015	15	練□
	1561	練200か3064	15	練○
	1562	練200か3072	15	練○
	1563	練200か3073	15	練○
	1564	練200か3079	15	練○
	1565	練200か3080	15	練○
観	1568	大200か2504	15	大○
	1669	練200か3119	16	練○
	1670	練200か3127	16	練○
	1671	練200か3130	16	練○
	1677	練200か3251	16	練○
	1779	練200か3259	17	練○
	1780	練200か3260	17	練○
	1781	練200か3272	17	練○
	1782	練200か3273	17	練○

2TG-RU1ASDJ（JBUS）

観	1799	大200か3074	(17)	大○
	1803	練200か3399	18	練○
	1804	練200か3402	18	練○
観	1806	練230あ1806	18	練□
	1807	練200か3462	18	練○
観	1808	大230あ1808	18	大□
観	1809	大230あ1809	18	大□
	1914	練200か3483	19	練○
	1915	所200か2347	19	所○
	1916	所200か2396	19	所○
	1919	所200か2402	19	所○
観	1921	大230あ1921	19	大□
	1922	所200か2417	19	所○
観	1025	大230あ1025	20	大□
観	1026	大230あ1026	20	大□

2RG-RU1ESDJ（JBUS）

	1810	練200か3467	18	練○
	1813	練200か3475	18	練○

NISSAN

PA-ACW41（日産）

企	S-258	練200あ458	05	高△

PA-AVW41（日産）

企	S-332	川200あ19	07	川△

PA-AHW41（日産）

企	S-322	所200あ271	07	飯△

PA-AJW41（日産）

企	S-294	練200あ252	06	高△
企	S-295	練200あ253	06	高△
企	S-296	練200あ254	06	高△

NISSAN DIESEL / UD

PB-RM360GAN（西工）

企	S-371	所200か2126	(07)	所△
企	S-410	所200か2300	(07)	飯△
観	1732	長200か1481	(07)	軽□

1730 所200 か 2539 07 所□
1731 所200 か 2540 07 所□

PB-RM360HAN(西工)
企 S-266 所200 か 939 06 セ△
企 S-287 所200 か 966 06 所△

PDG-RM820GAN(西工)
企 S-451 所200 か 2440 (08) 飯△
観 A8-265 長200 か 1782 (08) 軽○
企 S-465 所200 か 2553 (08) 飯△
企 S-459 所200 か 2489 (08) 飯△
企 S-464 所200 か 2501 (08) 所△
観 A9-349 長200 か 1650 (09) 軽○
観 A9-350 長200 か 1656 (09) 軽○
企 S-404 所200 か 1597 (10) 飯△
　A0-449 多200 か 1964 10 小○
観 A0-458 長200 か 1875 (10) 軽○
観 A0-459 長200 か 1878 (10) 軽○
　A0-481 練200 か 2356 10 練○
　A0-482 練200 か 2362 10 練○
　A0-484 練200 か 2370 10 練○
　A0-510 所200 か 2523 10 所○

KC-UA460HSN(富士)
1736 所230 あ 7071 97 飯□

KL-UA452MAN(西工)
1595 所200 か 851 05 川□
1596 所200 か 852 05 狭□
企 S-250 所200 か 798 05 狭△
企 S-253 所200 か 801 05 狭△

ADG-RA273MAN(西工)
企 S-362 川200 か 488 (06) 川△
企 S-282 所200 か 977 06 狭△
企 S-283 所200 か 978 06 狭△
企 S-284 所200 か 979 06 狭△
企 S-297 練200 か 1681 06 高△
企 S-298 練200 か 1682 06 高△

企 S-299 練200 か 1683 06 高△
企 S-310 所200 か 1704 07 狭△
企 S-311 所200 か 1703 07 狭△
企 S-312 所200 か 1701 07 狭△
企 S-314 所200 か 1130 07 セ△
企 S-318 所200 か 1131 07 セ△

PKG-RA274KAN(西工)
A9-375 川200 か 438 09 川○

PDG-RA273MAN(西工)
企 S-343 所200 か 1209 08 セ△
企 S-344 所200 か 1210 08 セ△
企 S-345 所200 か 1211 08 セ△
企 S-346 所200 か 1702 08 狭△

PKG-RA274MAN(西工)
企 S-395 川200 か 529 (06) 川△
企 S-407 所200 か 2319 (07) 所△
　1816 多200 か 1755 08 小△
企 S-412 川200 か 548 (09) 川△
企 S-430 川200 か 563 (09) 川△

PKG-AP35UK(MFBM)
企 S-375 川200 か 509 (08) 川△
企 S-406 川200 か 546 (08) 川△
企 S-471 所200 か 2567 (09) 所△
企 S-468 所200 か 2569 (09) 所△
A9-347 多200 か 1825 09 西○

PKG-AP35UM(MFBM)
　1834 多200 か 3708 08 滝△
企 S-383 所200 か 2256 (08) セ△
企 S-376 所200 か 1231 (08) セ△
企 S-394 所200 か 2257 (08) 所△
企 S-396 所200 か 2264 (09) セ△
企 S-382 所200 か 2245 (09) 狭△
企 S-415 所200 か 2348 (09) 所△
企 S-469 川200 か 638 (09) 川△
企 S-470 川200 か 646 (09) 川△

　1935 練200 か 2169 09 上□
企 S-447 所200 か 1317 (09) 狭△
　1932 多200 か 3655 09 立□
企 S-438 所200 か 2389 (10) 所△
企 S-446 所200 か 2437 (10) 狭△
A0-441 練200 か 2272 10 上○
企 S-450 所200 か 2453 (10) 狭△
A0-447 練200 か 2278 10 上○
企 S-461 所200 か 2534 (10) 狭△
企 S-455 所200 か 1424 (10) 飯△
企 S-462 所200 か 1448 (10) セ△
企 S-384 所200 か 1381 10 所△
企 S-385 所200 か 1382 10 所△
企 S-386 所200 か 1383 10 所△
企 S-387 所200 か 1384 10 所△
企 S-388 所200 か 1385 10 所△
企 S-405 所200 か 1433 10 飯△

PKG-AP35UP(MFBM)
企 S-390 所200 か 1388 10 飯△
企 S-391 所200 か 1389 10 飯△

LKG-AP35FM(MFBM)
企 S-417 所200 か 1476 10 飯△
企 S-418 所200 か 1478 10 飯△

LKG-AP37FK(MFBM)
A0-530 練200 か 2402 10 上○
A0-531 大200 か 2568 10 大○
企 S-475 所200 か 2133 (10) セ△
A0-534 大200 か 2724 10 大○
企 S-473 川200 か 665 (10) 川△
A0-543 川200 か 656 10 川○
A0-544 大200 か 2579 10 大○
企 S-474 所200 か 1472 (10) セ△
　1033 練200 か 2444 10 練□
A1-551 大200 か 2793 11 大○
A1-552 大200 か 2774 11 大○
A1-555 大200 か 2024 11 大○

TOYOTA

LDF-KDH223B（トヨタ）
企　S-026　練200あ　438　13　高△

CBF-TRH223B（トヨタ）
企　S-044　所200あ　417　15　セ△

CBF-TRH228B（トヨタ）
観　1537　長200あ　469　15　軽□

3BF-TRH223B（トヨタ）
企　S-101　練200あ　597　21　高△

ZBC-MUM1NAE（JBUS）
　　A0-222　所200か　2512　20　所○

HINO

SKG-XZB60M（トヨタ）
企　S-071　川200あ　81　19　川△

SKG-XZB70M（トヨタ）
企　S-064　所200あ　481　17　狭△

2KG-XZB60M（トヨタ）
企　S-081　川200あ　88　20　川△

2KG-XZB70M（トヨタ）
企　S-093　所200あ　537　21　所△

KK-RX4JFEA（日野）
　　A2-804　所200か　2332　02　所○
　　A2-805　多200か　543　02　滝○

PB-RX6JFAA（JBUS）
　　A6-136　練200か　1540　06　上○
　　A7-188　所200か　2060　07　新○
企　S-306　所200あ　253　07　所△
企　S-307　所200あ　256　07　セ△

ADG-HX6JLAE（JBUS）
　　A6-169　所200か　1070　06　新○
　　A6-170　所200か　1071　06　新○
企　S-452　所200か　2459　(07)　所△

BDG-RX6JFBA（JBUS）
　　A8-303　練200か　2002　08　上○
　　A8-324　練200か　2076　08　上○
　　A0-452　練200か　2296　10　上○
　　A0-453　練200か　2303　10　上○
観　A0-470　熊200か　1825　(10)　秩○
観　A0-471　熊200か　1826　(10)　秩○
　　A1-558　所200か　1499　11　狭○
　　A1-561　所200か　1490　11　所○
　　A1-562　所200か　1492　11　所○
　　A1-563　所200か　1494　11　所○
　　A1-565　所200か　1496　11　所○

BDG-HX6JHAE（JBUS）
　　A8-311　多200あ　525　08　小○
　　A9-367　所200あ　316　09　狭○

BDG-HX6JLAE（JBUS）
　　A7-255　所200か　2548　07　新○
　　A8-321　多200か　1791　08　滝○

SDG-HX9JHBE（JBUS）
　　A4-777　多200あ　811　14　小○
　　A7- 82　大200あ　511　17　大○
　　A7- 83　大200あ　513　17　大○
　　A7-151　多200あ　947　17　小○

SDG-HX9JLBE（JBUS）
　　A2-745　多200あ　2460　12　小○
　　A2-749　多200か　2432　12　滝○
　　A2-750　多200か　2433　12　滝○
　　A2-751　多200か　2436　12　滝○
　　A3-200　練200か　2716　13　上○
　　A3-313　多200か　2516　13　小○
　　A3-314　多200か　2517　13　小○

　　A3-661　多200か　2622　13　小○
　　A4-698　所200か　1831　14　狭○
　　A4-773　川200か　361　14　川○
　　A4-778　多200か　2750　14　小○
　　A5-814　多200か　2762　15　小○
　　A5-850　多200か　2851　15　小○
　　A6-891　多200か　2930　16　滝○
　　A6-892　川200か　434　16　川○
　　A6-893　川200か　436　16　川○
　　A6-894　所200あ　444　16　狭○
　　A6-996　所200か　2110　16　所○
　　A6-999　所200か　2118　16　所○
　　A7- 59　所230く　2020　17　新○
　　A7-113　川200か　506　17　川○
　　A7-114　所230け　2020　17　新○

2DG-HX9JHCE（JBUS）
　　A9-997　多200あ　996　19　滝○
　　A9- 87　大200あ　543　19　大○
　　A0-162　多200あ　1044　20　小○
　　A0-165　多200あ　1041　20　滝○
　　A1-228　所200あ　529　21　狭○
　　A1-231　多200あ　1083　21　滝○
　　A1-232　多200あ　1081　21　小○
　　A1-257　所200あ　539　21　狭○
　　A2-272　多200か　1128　22　小○
　　A2-273　所200あ　541　22　狭○

2DG-HX9JLCE（JBUS）
　　A8-553　川200か　531　18　川○
　　A8-554　多200か　3308　18　滝○
　　A8-559　所200か　2272　18　狭○
　　A8-933　川200か　551　18　川○
　　A9-998　多200か　3412　19　滝○
　　A9- 12　練200か　3492　19　上○
　　A9- 13　練200か　3494　19　上○
　　A9- 14　練200か　3498　19　上○
　　A9- 80　多200か　3490　19　小○
　　A9-124　川200か　592　19　川○
　　A9-125　川200か　595　19　川○

A0-196 所200か2482 20 所○
A0-205 所200か2495 20 所○
A0-209 所200か2498 20 所○
A0-210 所200か2502 20 所○
A0-215 多200か3582 20 小○
A1-229 練200か3598 21 上○
A1-230 練200か3600 21 上○
A1-250 多200か3634 21 滝○
A2-260 練200か3608 22 上○
A2-261 練200か3609 22 上○
A2-262 練200か3610 22 上○
A2-263 所200か2580 22 所○
A2-264 所200か2582 22 所○
A2-274 所200か2589 22 新○

PKG-KV234Q2(JBUS)

企 S-492 川200か 308 (10) 川△
企 S-493 川200か 309 (10) 川△

BJG-HU8JLFP(JBUS)

企 S-440 川200か 581 08 川△
企 S-448 川200か 599 08 川△

2SG-HL2ANBP(JBUS)

A8-618 多200か3345 18 立○
A8-801 多200か3360 18 滝○
A8-802 多200か3362 18 滝○
A9-938 多200か3401 19 滝○
A9-970 多200か3403 19 立○
A9- 71 所200か2481 19 飯○
A9- 97 多200か3496 19 滝○
A9-109 多200か3501 19 滝○
A9-120 多200か3500 19 立○
A0-139 多200か3512 20 滝○
A0-156 多200か3513 20 滝○
A0-157 多200か3514 20 滝○
A0-216 練200か3586 20 上○
A0-223 練200か3590 20 練○
A0-224 練200か3591 20 上○
A1-234 練200か3593 21 練○

A1-235 練200か3596 21 練○
A1-236 練200か3597 21 上○
A1-237 練200か3601 21 上○
A1-246 練200か2571 21 新○
A2-268 多200か3645 22 立○
A2-270 所200か2584 22 新○
A2-271 所200か2586 22 新○
A2-275 所200か2587 22 新○
A2-276 練200か3614 22 上○
A2-277 練200か3616 22 上○
A2-278 練200か3619 22 上○

BDG-RU8JHAA(JBUS)

観 1869 多200か1287 08 軽□
観 1880 所230あ1880 08 狭□
観 1883 所230い1883 08 狭□

PKG-RU1ESAA(JBUS)

観 1764 熊230あ1764 07 秩□
観 1870 練230あ1870 08 練□
観 1871 練230あ1871 08 練□
観 1872 所230い1872 08 狭□
観 1877 所230い1877 08 狭□
観 1878 所230い1878 08 狭□
観 1991 所230い1991 09 狭□
観 1092 長200か1759 10 軽□
観 1093 所230い1093 10 狭□
観 1095 所230あ1095 10 狭□

LKG-RU1ESBA(JBUS)

観 1206 練230あ1206 12 練□
観 1207 長200か1655 12 軽□

QRG-RU1ASCA(JBUS)

観 1330 練230あ1330 13 練□
観 1432 所230い1432 14 狭□
観 1434 所230い1434 14 狭□
観 1435 所230い1435 14 狭□
観 1449 所230い1449 14 狭□
観 1552 所230い1552 15 狭□

QTG-RU1ASCA(JBUS)

観 1566 練230か1566 15 練□
観 1567 長200か1827 15 軽□
観 1675 練230か1675 16 練□
観 1676 練230か1676 16 練□

2TG-RU1ASDA(JBUS)

観 1801 所230か1801 18 狭□
観 1802 練230あ1802 18 練□
観 1805 所230か1805 18 狭□
観 1811 練230あ1811 18 練□
観 1812 所230あ1812 18 狭□
観 1917 練230い1917 19 練□
観 1918 練230あ1918 19 練□
観 1920 練230あ1920 19 練□
観 1023 所230あ1023 20 狭□
観 1024 所230あ1024 20 狭□

MITSUBISHI FUSO

TPG-BE640E(MFBM)

企 S-049 所200あ 434 15 所△

TPG-BE640G(MFBM)

企 S-025 練200あ 432 13 高△
企 S-032 所200あ 554 13 飯△

2RG-BE740E(MFBM)

企 S-111 川200あ 101 23 川△

2RG-BE740G(MFBM)

企 S-110 所230う2023 23 狭△
企 S-112 所200あ 562 23 飯△
企 S-113 所200あ 570 23 飯△

SKG-MK27FH(MFBM)

A2-624 練200か2589 12 上○

TKG-MK27FH(MFBM)

A3-400 練200か2756 13 上○

A3-539 練 200 か 2786　13　練○
A3-560 練 200 か 2794　13　練○

LKG-MP35FK（MFBM）
A1-568 練 200 か 2488　11　練○
A1-569 練 200 か 2489　11　練○
A1-570 多 200 か 2118　11　小○
A1-603 練 200 か 2565　11　練○
A2-620 練 200 か 2581　12　練○
A2-621 練 200 か 2582　12　練○
A2-622 練 200 か 2584　12　練○
A2-625 練 200 か 2592　12　練○
A2-628 多 200 か 2288　12　西○
A2-629 多 200 か 2290　12　小○

LKG-MP35FM（MFBM）
A1-571 所 200 か 1507　11　新○
A1-572 大 200 か 2039　11　大○
A1-584 練 200 か 2518　11　上○
A1-585 多 200 か 2373　11　立○
　 1193 所 200 か 1545　11　新□
企 S-005 所 200 か 1530　11　飯△
A2-611 多 200 か 2270　12　小○
A2-612 多 200 か 2275　12　小○
A2-613 多 200 か 2271　12　立○
A2-614 多 200 か 2276　12　立○
A2-615 所 200 か 1567　12　所○
A2-630 多 200 か 2289　12　小○
A2-631 所 200 か 1581　12　飯○
A2-654 練 200 か 2600　12　上○
A2-656 所 200 か 1591　12　所○
A2-657 所 200 か 1593　12　所○
A2-658 所 200 か 1592　12　飯○
A2-662 大 200 か 2153　12　大○
A2-663 大 200 か 2159　12　大○
企 S-009 所 200 か 1594　12　所△
企 S-010 所 200 か 1595　12　所△

LKG-MP37FK（MFBM）
A1-556 川 200 か 539　11　川○

A1-566 所 200 か 2255　11　所○
A1-574 所 200 か 2233　11　所○
A1-575 所 200 か 1520　11　所○
A1-578 所 200 か 1521　11　所○
A1-579 大 200 か 2059　11　大○
A1-581 川 200 か 567　11　川○
A1-582 所 200 か 1526　11　所○
A1-583 川 200 か 218　11　川○
A1-586 所 200 か 2238　11　所○
A1-587 川 200 か 225　11　川○
A1-588 川 200 か 226　11　川○
A1-592 練 200 か 2545　11　練○
A1-593 川 200 か 489　11　川○
A1-594 所 200 か 2160　11　狭○
A1-596 練 200 か 2560　11　練○
A1-597 所 200 か 2112　11　飯○
A1-598 所 200 か 2167　11　飯○
A1-599 大 200 か 2795　11　大○
A1-602 練 200 か 2563　11　練○
A1-605 練 200 か 2564　11　上○
A1-607 練 200 か 2566　11　上○
A2-608 川 200 か 532　12　川○
A2-609 所 200 か 1566　12　飯○
A2-610 所 200 か 1568　12　飯○
A2-616 大 200 か 2128　12　大○
A2-617 川 200 か 244　12　川○
A2-619 所 200 か 1569　12　狭○
A2-623 練 200 か 2586　12　練○
A2-627 川 200 か 564　12　川○
A2-633 所 200 か 1579　12　飯○
A2-634 所 200 か 1583　12　飯○
A2-635 所 200 か 1588　12　飯○
A2-651 練 200 か 2593　12　上○
A2-652 練 200 か 2595　12　上○
A2-655 所 200 か 2617　12　狭○

QKG-MP35FK（MFBM）
A2-673 練 200 か 2618　12　練○
A3-590 多 200 か 2579　13　滝○
A4-717 多 200 か 2670　14　小○

A4-718 多 200 か 2671　14　小○
A4-724 多 200 か 2673　14　小○
A4-727 多 200 か 2674　14　小○
A4-780 多 200 か 2747　14　小○
A6-884 多 200 か 2924　16　小○
A6-898 多 200 か 2936　16　小○

QKG-MP35FM（MFBM）
A2-670 多 200 か 2366　12　小○
A2-672 多 200 か 2367　12　立○
A2-674 練 200 か 2619　12　上○
A2-676 練 200 か 2621　12　上○
A2-682 川 200 か 273　12　川○
A2-683 練 200 か 2629　12　上○
A2-689 練 200 か 2647　12　上○
A2-693 所 200 か 1645　12　所○
A2-706 大 200 か 2197　12　大○
A2-707 大 200 か 2198　12　大○
A2-759 所 200 か 1673　12　新○
観 A2-306 熊 200 か 1868　(12)　秩○
A2-798 多 200 か 2455　12　小○
A2-875 多 200 か 3037　12　立○
A2-961 所 200 か 1694　12　新○
企 S-022 所 200 か 1667　12　飯△
A3- 27 所 200 か 1715　13　新○
A3- 28 練 200 か 2700　13　上○
A3- 68 所 200 か 1719　13　新○
A3- 77 所 200 か 1722　13　飯○
A3-315 多 200 か 2519　13　小○
A3-485 多 200 か 2533　13　滝○
A3-516 多 200 か 2565　13　滝○
A3-580 練 200 か 2781　13　上○
A3-589 練 200 か 2787　13　上○
A3-590 多 200 か 2579　13　滝○
A3-636 練 200 か 2807　13　上○
A3-659 所 200 か 1802　13　新○
A3-660 所 200 か 1812　13　新○
企 S-029 所 200 か 1759　13　飯△
A4-712 多 200 か 2646　14　小○
A4-723 多 200 か 2675　14　滝○

企	S-038 所 200 か 1900 14 所△

企 S-038 所 200 か 1900 14 所△
A5-825 多 200 か 2823 15 滝○
A5-836 多 200 か 2836 15 滝○
A5-838 多 200 か 2844 15 滝○
A5-841 所 200 か 1966 15 新○
A5-860 所 200 か 1996 15 新○
企 S-040 所 200 か 1924 15 所△
企 S-048 所 200 か 1991 15 所△
A6-878 練 200 か 3118 16 上○
A6-880 練 200 か 3123 16 上○
A6-897 練 200 か 3128 16 上○

QKG-MP35FP（MFBM）

企 S-015 所 200 か 1619 12 飯△
企 S-016 所 200 か 1620 12 飯△
企 S-053 練 200 か 3615 16 高△
企 S-054 練 200 か 3618 16 高△
企 S-055 所 200 か 2566 16 飯△

QKG-MP37FK（MFBM）

A2-667 所 200 か 1612 12 飯○
A2-668 大 200 か 2752 12 大○
A2-669 練 200 か 2615 12 上○
A2-678 所 200 か 2206 12 飯○
A2-681 所 200 か 2263 12 飯○
A2-684 所 200 か 2220 12 狭○
A2-685 所 200 か 1627 12 狭○
A2-687 所 200 か 1626 12 新○
A2-688 練 200 か 2646 12 練○
A2-695 練 200 か 2650 12 練○
A2-696 練 200 か 2651 12 練○
A2-704 所 200 か 1654 12 所○
A2-705 大 200 か 2194 12 大○
A2-708 所 200 か 1651 12 飯○
A2-730 所 200 か 1666 12 所○
A2-741 大 200 か 2205 12 大○
A2-743 大 200 か 2206 12 大○
A2-744 大 200 か 2207 12 大○
A2-753 所 200 か 2260 12 飯○
A2-760 所 200 か 1676 12 新○

A2-772 所 200 か 1675 12 所○
A2-775 所 200 か 1677 12 所○
A2-779 大 200 か 2213 12 大○
A2-799 所 200 か 1684 12 所○
A2-821 所 200 か 1685 12 所○
A2-866 所 200 か 1683 12 飯○
A2-867 所 200 か 1686 12 飯○
A2-879 大 200 か 2766 12 大○
A2-906 所 200 か 1690 12 所○
A2-916 所 200 か 1693 12 所○
A2-959 所 200 か 1689 12 新○
A2-960 所 200 か 1692 12 新○
A3-591 所 200 か 2337 13 狭○
A3-600 所 200 か 1763 13 新○
A3-604 所 200 か 1766 13 新○
A3-606 所 200 か 1768 13 新○
A3-626 所 200 か 1765 13 所○
A3-637 練 200 か 2808 13 上○
A3-638 練 200 か 2813 13 上○
A3-639 練 200 か 2814 13 上○
A3-640 練 200 か 2817 13 上○
A3-641 練 200 か 2818 13 上○
A3-643 所 200 か 1774 13 新○
A3-644 所 200 か 1771 13 所○
A3-646 所 200 か 1794 13 所○
A3-647 所 200 か 1796 13 所○
A3-648 大 200 か 2304 13 大○
A3-649 所 200 か 1791 13 飯○
A3-653 所 200 か 2351 13 狭○
A3-671 所 200 か 2343 13 狭○
A3-963 練 200 か 2697 13 上○
A3-981 大 200 か 3070 13 大○
A3- 3 所 200 か 1714 13 飯○
A3- 10 所 200 か 1709 13 新○
A3- 11 所 200 か 1711 13 新○
A3- 29 所 200 か 2301 13 狭○
A3- 43 所 200 か 1721 13 所○
A3- 69 大 200 か 2224 13 大○
A3- 76 川 200 か 301 13 川○
A3-123 所 200 か 1725 13 飯○

A3-203 練 200 か 2713 13 上○
A3-204 練 200 か 2729 13 上○
A3-233 所 200 か 2294 13 狭○
A3-281 所 200 か 2325 13 狭○
A3-282 所 200 か 2296 13 狭○
A3-373 所 200 か 1741 13 新○
A3-383 所 200 か 1744 13 新○
A3-412 大 200 か 2818 13 大○
A3-417 多 200 か 2594 13 西○
A3-504 所 200 か 2312 13 狭○
A3-505 所 200 か 2308 13 狭○
A3-506 所 200 か 2339 13 狭○
A3-517 大 200 か 2757 13 大○
A3-520 所 200 か 1758 13 新○
A3-525 所 200 か 1760 13 新○
A3-527 川 200 か 318 13 川○
A3-538 川 200 か 323 13 川○
A3-988 大 200 か 2746 13 大○
A4-675 川 200 か 335 14 川○
A4-677 川 200 か 580 14 川○
A4-679 川 200 か 591 14 川○
A4-680 川 200 か 602 14 川○
A4-686 川 200 か 605 14 川○
A4-690 大 200 か 2330 14 大○
A4-691 所 200 か 2399 14 所○
A4-692 所 200 か 2398 14 所○
A4-697 大 200 か 2873 14 大○
A4-699 所 200 か 1836 14 狭○
A4-700 練 200 か 2873 14 練○
A4-701 練 200 か 2870 14 上○
A4-702 練 200 か 2874 14 上○
A4-703 練 200 か 2877 14 上○
A4-709 所 200 か 2378 14 所○
A4-710 練 200 か 3497 14 上○
A4-713 大 200 か 2345 14 大○
A4-714 練 200 か 2888 14 練○
A4-715 練 200 か 2890 14 練○
A4-716 練 200 か 2889 14 上○
A4-719 所 200 か 1847 14 所○
A4-720 川 230 あ 2019 14 川○

A4-721 所200か1848 14 所○
A4-722 川200か 607 14 川○
A4-728 所200か1850 14 飯○
A4-729 所200か1851 14 新○
A4-731 所200か1853 14 狭○
A4-732 練200か2898 14 練○
A4-733 所200か2430 14 狭○
A4-734 所200か2423 14 狭○
A4-735 多200か2681 14 西○
A4-736 多200か2683 14 西○
A4-737 大200か2859 14 大○
A4-738 大200か2861 14 大○
A4-739 所200か2411 14 所○
A4-740 所200か1859 14 新○
A4-746 練200か2902 14 上○
A4-747 川200か 613 14 川○
A4-748 多200か2688 14 西○
A4-752 大200か2865 14 大○
A4-754 大200か2894 14 大○
A4-755 所200か1860 14 所○
A4-756 所200か1863 14 新○
A4-757 大200か2365 14 大○

QKG-MP38FK(MFBM)

A4-758 練200か2921 14 練○
A4-761 多200か2709 14 西○
A4-762 多200か2711 14 西○
A4-766 多200か2720 14 西○
A4-767 多200か2724 14 西○
A4-768 所200か2404 14 所○
A4-769 多200か2725 14 小○
A4-770 大200か2936 14 大○
A4-774 大200か2965 14 大○
A4-776 多200か2743 14 立○
A4-782 多200か2744 14 立○
A4-783 大200か2880 14 大○
A4-784 所200か1903 14 新○
A4-785 所200か1905 14 新○
A5-788 多200か2764 15 西○
A5-790 多200か2768 15 小○

A5-791 多200か2765 15 西○
A5-792 多200か2772 15 西○
A5-793 多200か2773 15 西○
A5-794 多200か2782 15 西○
A5-806 所200か1921 15 新○
A5-807 所200か1926 15 新○
A5-809 所200か2493 15 所○
A5-810 大200か2964 15 大○
A5-815 多200か2805 15 西○
A5-822 多200か2807 15 西○
A5-824 練200か3020 15 上○
A5-826 所200か2480 15 所○
A5-827 多200か2818 15 立○
A5-828 多200か2821 15 立○
A5-829 所200か1954 15 新○
A5-830 練200か3029 15 練○
A5-831 練200か3035 15 練○
A5-832 練200か3027 15 上○
A5-833 練200か3030 15 上○
A5-839 大200か2750 15 大○
A5-844 練200か3054 15 上○
A5-845 多200か2852 15 西○
A5-846 所200か2331 15 狭○
A5-847 多200か2858 15 西○
A5-848 多200か2859 15 西○
A5-849 大200か2775 15 大○
A5-851 多200か2872 15 立○
A5-852 多200か2873 15 立○
A5-853 所200か1984 15 新○
A5-854 多200か2882 15 西○
A5-855 多200か2885 15 西○
A5-857 所200か2295 15 所○
A5-858 多200か2891 15 西○
A5-861 多200か2900 15 西○
A5-862 多200か2904 15 西○
A5-863 多200か2912 15 西○
A5-864 所200か2341 15 所○
企 S-041 所200か1925 15 所△
A6-869 練200か3098 16 練○
A6-870 多200か2915 16 西○

A6-871 多200か2917 16 西○
A6-872 多200か2919 16 滝○
A6-877 練200か3112 16 練○
A6-881 多200か2922 16 西○
A6-885 多200か2921 16 小○
A6-899 多200か2947 16 小○
A6-900 所200か2640 16 所○
A6-920 練200か3153 16 練○
A6-921 多200か2996 16 立○
A6-922 所200か2613 16 所○
A6-952 多200か3029 16 小○
A6-953 多200か3034 16 小○
A6-955 練200か3195 16 練○
A6-956 練200か3198 16 練○
A6-957 練200か3197 16 上○
A6-958 練200か3199 16 上○
A6-962 多200か3041 16 西○
A6-964 所200か2655 16 所○
A6-966 練200か3206 16 練○
A6-967 練200か3203 16 上○
A6-968 練200か3211 16 上○
A6-969 練200か3213 16 上○
A6-972 多200か3063 16 小○
A6-973 多200か3069 16 小○
A6-977 練200か3234 16 練○
A6-978 練200か3225 16 上○
A6-980 多200か3094 16 西○
A6-984 多200か3100 16 西○
A6-985 多200か3102 16 西○
A6-986 多200か3098 16 小○
A6- 6 多200か3118 16 西○
A6- 7 多200か3123 16 西○
A6- 8 多200か3129 16 滝○
A6- 23 多200か3119 16 小○
A6- 24 多200か3125 16 小○
A7- 25 多200か3132 17 滝○
A7- 26 多200か3133 17 滝○
A7- 31 多200か3134 17 立○
A7- 60 練200か3293 17 上○
A7- 64 練200か3300 17 上○

A7- 78	多200か3684	17	小○
A7- 79	多200か3178	17	小○
A7- 85	多200か3213	17	滝○
A7- 91	練200か3311	17	上○
A7- 99	多200か3218	17	小○
A7-116	多200か3239	17	小○
A7-129	練200か3343	17	練○
A7-130	多200か3248	17	滝○
A7-131	多200か3262	17	滝○
A7-132	所200か2659	17	所○

2PG-MP38FK(MFBM)

A7-146	練200か3381	17	上○
A7-149	多200か3273	17	小○
A7-150	多200か3276	17	小○
A7-153	多200か3277	17	立○
A7-285	練200か3386	17	上○
A7-289	多200か3281	17	小○
A7-298	練200か3391	17	上○
A8-317	練200か3396	18	上○
A8-399	多200か3294	18	小○
A8-436	練200か3398	18	上○
A8-437	練200か3401	18	上○
A8-438	多200か3300	18	小○
A8-454	多200か3302	18	上○
A8-500	練200か3403	18	上○
A8-501	練200か3404	18	上○
A8-509	練200か3407	18	上○
A8-650	多200か3331	18	滝○
A8-665	多200か3332	18	小○
A8-786	練200か3436	18	練○
A8-787	練200か3441	18	練○
A8-789	練200か3432	18	上○
A8-797	練200か3439	18	上○

A8-834	多200か3343	18	小○
A8-895	多200か3358	18	滝○
A8-896	多200か3359	18	滝○
A8-909	練200か3457	18	上○
A8-910	多200か3365	18	滝○
A8-911	多200か3369	18	滝○
A8-932	多200か3389	18	小○
A8-936	多200か3396	18	小○
A8-937	多200か3397	18	小○
A8-941	多200か3400	18	滝○
A8-976	多200か3407	18	滝○
A9- 20	多200か3434	19	小○
A9- 33	多200か3443	19	小○
A9- 39	多200か3459	19	小○
A9- 40	多200か3461	19	小○
A9- 48	多200か3468	19	小○
A9- 49	多200か3476	19	小○
A9- 50	多200か3480	19	小○
A9- 66	練200か3531	19	練○
A9- 89	多200か3535	19	練○
A9-104	練200か3540	19	練○
A0-126	練200か3545	20	練○
A0-140	多200か3510	20	小○
A0-159	多200か3522	20	滝○
A0-167	多200か3552	20	滝○
A0-176	練200か3569	20	上○
A0-177	多200か3557	20	小○
A0-178	多200か3561	20	立○
A0-179	所200か2478	20	新○
A0-184	練200か3576	20	上○
A0-185	練200か3574	20	上○
A0-190	多200か3568	20	小○
A0-192	多200か3570	20	小○
A0-193	多200か3567	20	滝○

A0-194	所200か2490	20	新○
A1-243	所200か2563	21	飯○
A1-245	多200か3633	21	滝○
A1-251	多230あ3637	21	滝○

QRG-MS96VP(MFBM)

観	1324	長200か1714	(13)	軽○
観	1325	長200か1694	(13)	軽○
観	1326	大200か2297	(13)	大○
観	1329	長200か1719	(13)	軽○
	1436	練200か3532	14	練○
観	1440	長200か1754	(14)	軽○
観	1445	長200か1768	(14)	軽○
観	1554	長200か1806	(15)	軽○
	1555	所200か1932	15	所○
	1559	所200か1956	15	所○

QTG-MS96VP(MFBM)

	1672	所200か2076	16	所○
観	1673	長200か1900	(16)	軽○
観	1674	長200か1901	(16)	軽○
	1783	練200か3617	17	練○
	1791	練200か3315	17	練○
	1792	所200か2196	17	所○

2TG-MS06GP(MFBM)

1027	練200か3563	20	練○
1028	所200か2500	20	所○

BYD

K8(BYD)

A2-385	所200か2632	22	新○
A2-386	所200か2633	22	新○

●現有車両一覧表凡例

PA-LR234J1　（JBUS）
　①　　　　②

観　A6-141　熊200か1426　(06)　秩　○
③　　④　　　⑤　　　　⑥　⑦⑧

①車台型式（改は省略）
②ボディメーカー
③保有事業者
　無印：西武バス／観：西武観光バス
／企：西武総合企画

④社番（P4参照）

⑤登録番号

　練：練馬／多：多摩／大：大宮／所：所沢／川：川越／熊：熊谷／長：長野

⑥年式（登録年西暦の下2桁）

　（　）：移籍車の新製時の登録年

⑦所属営業所

　練：練馬・観光練馬／上：上石神井（かみしゃくじい）／滝：滝山／西：西原／小：小平／立：立川／新：新座（にいざ）／所：所沢・企画所沢／大：大宮・観光大宮（さやま）／川：川越・企画川越／狭：狭山・観光狭山・企画狭山／飯：飯能（はんのう）・企画飯能／秩：観光秩父／軽：観光軽井沢／高：企画高野台／セ：企画所沢センター

⑧用途

　○：一般路線車／◎：高速車／□：貸切車／△：特定車

現有車両車種別解説

ISUZU

●PA-LR234J1　　　　　（11）

　機関6HK1、軸距4400mmのエルガミオノンステップバス。前中引戸・黒枠逆T字型窓である。

●PDG-LR234J2　　　（12・13）

　機関6HK1、軸距4400mmのエルガミオノンステップバス。前中引戸・黒枠逆T字型窓（A1-573は側面表示器が前扉隣）である。

●BDG-RR7JJBJ　　　　（14）

　機関J07E、軸距4490mmのガーラミオ。スイングドア・黒枠T字型窓である。

●SDG-LR290J1　　　　（15）

　機関4HK1、軸距4400mm、ATのエルガミオノンステップバス。前中引戸・黒枠逆T字型である。

●SKG-LR290J1　　　　（16）

　機関4HK1、軸距4400mmのエルガミオノンステップバス。前中引戸・黒枠逆T字型窓である。

●SKG-LR290J2　　　（17・18）

　機関4HK1、軸距4400mm、AMTのエルガミオノンステップバス。前中引戸・黒枠逆T字型窓（A7-135・S-059〜063は側面表示器が前扉隣）である。

●2KG-LR290J3　　　　（19）

　機関4HK1、軸距4400mm、AMTのエルガミオノンステップバス。前中引戸・黒枠逆T字型窓である。

●2KG-LR290J4　　　（20・21）

　機関4HK1、軸距4400mmのエルガミオノンステップバスで、S-082まではAMT、A0-225からはAT。前中引戸・黒枠逆T字型窓（A0-181〜183・208・A1-226・227・244・A2-279・325・340・A3-355・S-080・082・103は側面表示器が前扉隣）。西武バスはA0-181からS-toryカラーとなっている。

●2DG-RR2AJDJ　　　　（22）

　機関J07E、軸距4490mm、AMTのガーラミオ。折戸・黒枠T字型窓である。

●PJ-LV234L1　　　（23・24）

　機関6HK1、軸距4800mmのエルガ。S-380・381は前中引戸・黒枠逆T字型窓のノンステップバスである。他は前中4枚折戸・黒枠逆T字型窓（側面表示器が前扉隣）のワンステップバスである。

●PJ-LV234N1　　　（25〜27）

　機関6HK1、軸距5300mmのエルガ。S-273・308・309は前折戸・銀枠引き違い窓のツーステップバスである。S

-274・275は前中引戸・銀枠引き違い窓のツーステップバスである。S-319は前中引戸・黒枠逆T字型窓のノンステップバスである。他は前中引戸・黒枠逆T字型窓のワンステップバスで、1594は用途外車である。

●PKG-LV234L2　　　　　　（28・29）
　機関6HK1、軸距4800mmのエルガ。S-416は前中引戸・黒枠逆T字型窓のワンステップバスである。他は前中引戸・黒枠逆T字型窓のノンステップバスである。

●PKG-LV234N2　　　　　　（30〜32）
　機関6HK1、軸距5300mmのエルガ。S-347・364〜367・392・393は前折戸・銀枠引き違い窓のツーステップバスである。S-373は前中引戸・銀枠引き違い窓のツーステップバスである。A9-334は前中引戸・黒枠逆T字型窓のノンステップバスである。他は前中引戸・黒枠逆T字型窓のワンステップバスで、A8-331・A0-433・478・511は用途外車である。

●PKG-LV234Q2　　　　　　（33）
　機関6HK1、軸距5800mmのエルガツーステップバス。前中引戸・銀枠引き違い窓。尚美学園から引き継いだ。

●LKG-LV234N3　　　　　　（34・35）
　機関6HK1、軸距5300mmのエルガ。S-006は前中引戸・黒枠逆T字型窓のワンステップバスである。S-011は前中引戸・黒枠逆T字型窓のツーステップバスである。他は前折戸・銀枠引き違い窓のツーステップバスである。

●QKG-LV234L3　　　　　　（36）
　機関6HK1、軸距4800mm、ATのエルガノンステップバス。前中引戸・黒枠逆T字型窓である。

●QPG-LV234N3　　　　　　（37・38）
　機関6HK1、軸距5300mmのエルガツ

ーステップバス。S-017・018は前中引戸・黒枠逆T字型窓である。他は前折戸・銀枠引き違い窓。S-432は武蔵野学院から引き継いだ。

●QPG-LV234Q3　　　　　　（39）
　機関6HK1、軸距5800mmのエルガワンステップバス。前中引戸・黒枠逆T字型窓である。

●QQG-LV234L3　　　　　　（40）
　機関6HK1、軸距4800mm、AMTのエルガハイブリッド。前中引戸・黒枠逆T字型窓である。

●QDG-LV290N1　　　　　　（41〜43）
　機関4HK1、軸距5300mm、ATのエルガノンステップバス。前中引戸・黒枠逆T字型窓（A6-918・919・943・979・1・2は側面表示器が前扉隣で中扉が広幅、S-057・058は側面表示器が前扉隣）である。

●QSG-LV234L3　　　　　　（44）
　機関6HK1、軸距4800mm、AMTのエルガハイブリッド。前中引戸・黒枠逆T字型窓である。

●2DG-LV290N2　　　　　　（45）
　機関4HK1、軸距5300mm、ATのエルガノンステップバス。前中引戸・黒枠逆T字型窓（側面表示器が前扉隣）である。

●2PG-LV290N2　　　　　　（46・47）
　機関4HK1、軸距5300mm、ATのエルガノンステップバス。前中引戸・黒枠逆T字型窓（A8-924・925・A9-946・947・950・993・994・5・19・36・47は側面表示器が前扉隣で中扉が広幅、S-068は側面表示器が前扉隣）である。

●2PG-LV290Q2　　　　　　（48・49）
　機関4HK1、軸距6000mm、ATのエルガノンステップバス。S-067・073は前中引戸・黒枠逆T字型窓である。他は前折戸・黒枠逆T字型＋T字型窓であ

る。

●2KG-LV290N3　　　　（6・50）

　機関4HK1、軸距5300mm、ATのエ
ルガノンステップバス。S-095〜097・
108は前中引戸・黒枠逆T字型窓であ
る。他は前折戸・黒枠逆T字型＋T字
型窓である。

●2PG-LV290N3　　　　（51・52）

　機関4HK1、軸距5300mm、ATのエル
ガノンステップバス。前中引戸・黒枠
逆T字型窓（A9-54・107・127・137・A
0-154・174・175・186・187・198は側
面表示器が前扉隣で中扉が広幅）。A0-
171からS-toryカラーとなっている。

●2PG-LV290Q3　　　　（7）

　機関4HK1、軸距6000mm、ATのエル
ガノンステップバス。S-077は前折戸
・黒枠逆T字型＋T字型窓である。他
は前中引戸・黒枠逆T字型窓である。

●2RG-LV290N3　　　　（8・53）

　機関4HK1、軸距5300mm、ATのエル
ガノンステップバス。前中引戸・黒枠
逆T字型窓（A2-292・295・296・310
・319・320・326・327・A3-365・366
・371は側面表示器が前扉隣で中扉が
広幅、S-090は側面表示器が前扉隣）
である。

●PKG-RU1ESAJ　　　　（54）

　機関E13C、軸距6080mmのガーラハ
イデッカー。スイングドア・T字型
窓。1757・1096・1097は後部トイレつ
き50人乗り、1763は58人乗り、他は53
人乗りである。

●LKG-RU1ESBJ　　　　（55）

　機関E13C、軸距6080mmのガーラハ
イデッカー。スイングドア・T字型
窓。後部トイレつき50人乗りである。

●QRG-RU1ASCJ　　　　（56）

　機関A09C、軸距6080mmのガーラハ
イデッカー。スイングドア・T字型

窓。1323は後部トイレつき50人乗り、
他は後部トイレつき53人乗りである。

●QPG-RU1ESBJ　　　　（57・58）

　機関E13C、軸距6080mmのガーラ。
1213・1214はスイングドア・T字型窓
のスーパーハイデッカー。パウダール
ームつき28人乗りである。1215・1216
はスイングドア・T字型窓のハイデッ
カー。リフトつき49人乗りである。
1321・1322・1431・1433・1437・1438
はスイングドア・固定窓のハイデッカ
ー。中央トイレつき28人乗りである。

●QTG-RU1ASCJ　　　　（59・60）

　機関A09C、軸距6080mmのガーラハ
イデッカー。スイングドア・T字型
窓。1678・1789は後部トイレつき52人
乗り、S-050・051は後部トイレつき55
人乗り、1790はリフトつき55人乗りで
ある。

●QRG-RU1ESBJ　　　　（61）

　機関E13C、軸距6080mmのガーラハ
イデッカー。スイングドア・固定窓。
中央トイレつき28人乗りである。

●2TG-RU1ASDJ　　　　（62・63）

　機関A09C、軸距6080mmのガーラハ
イデッカーで、1807からはAMT。ス
イングドア・T字型窓。1808・1809・
1025・1026は60人乗り、1806・1921は
後部トイレつき52人乗り、他は後部ト
イレつき50人乗りである。

●2RG-RU1ESDJ　　　　（4）

　機関E13C、軸距6080mm、AMTのガ
ーラハイデッカー。スイングドア・固
定窓。中央トイレつき28人乗りであ
る。

NISSAN ▰▰▰▰▰▰▰▰

●PA-ACW41　　　　（64）

　機関4M50、軸距3310mmのシビリア
ン。折戸・銀枠窓である。

●PA-AVW41　　　　（65）

機関4M50、軸距3310mmのシビリア
ン。折戸・銀枠窓である。

●PA-AHW41　　　　　　　　（66）

機関4M50、軸距3690mmのシビリア
ン。スイングドア・黒枠窓である。

●PA-AJW41　　　　　　　　（67）

機関4M50、軸距3690mmのシビリア
ン。スイングドア・黒枠窓である。

NISSAN DIESEL ▰▰▰▰▰

●PB-RM360GAN　　　　　　（68）

機関J07E、軸距4300mmのスペースラ
ンナーRM。1732は前中引戸・黒枠逆
T字型窓のワンステップバスである。
他は前中引戸・黒枠逆T字型窓のノン
ステップバスである。

●PB-RM360HAN　　　　　（69・70）

機関J07E、軸距4400mmのスペースラ
ンナーRMツーステップバス。S-266は
前折戸・銀枠T字型窓である。S-287は
前中引戸・黒枠T字型窓である。

●PDG-RM820GAN　　　　（71・72）

機関6M60、軸距4300mmのスペース
ランナーRM。A9-349・350・S-404は
前中引戸・黒枠逆T字型窓のワンステ
ップバスである。他は前中引戸・黒
枠逆T字型窓のノンステップバスであ
る。

●KC-UA460HSN　　　　　　（3）

機関PG6、軸距4720mmの富士7E型ツ
ーステップバス。3扉・銀枠2段窓。
近江鉄道移籍車が里帰りした。

●KL-UA452MAN　　　　　（73・74）

機関PF6H、軸距5300mmの西工B型。
1595・1596は前中引戸・黒枠逆T字型
窓のワンステップバスで、用途外車で
ある。他は前中引戸・黒枠逆T字型窓
のツーステップバスである。

●ADG-RA273MAN　　　　　（75・76）

機関MD92、軸距5300mmのスペース
ランナーRA。S-362は前中引戸・黒

枠逆T字型窓のワンステップバスであ
る。S-297〜299は観光マスク・前中引
戸・黒枠引き違い窓のツーステップバ
スである。S-314・318は前中4枚折戸
・黒枠逆T字型窓のツーステップバス
である。他は前中引戸・黒枠逆T字型
窓のツーステップバスである。

●PKG-RA274KAN　　　　　　（77）

機関MD92、軸距4800mmのスペース
ランナーRAノンステップバス。前中
引戸・黒枠逆T字型である。

●PDG-RA273MAN　　　　　　（78）

機関MD92、軸距5300mmのスペース
ランナーRAツーステップバス。S-346
は前中引戸・黒枠逆T字型である。
他は前中4枚折戸・黒枠逆T字型であ
る。

●PKG-RA274MAN　　　　　　（79）

機関MD92、軸距5300mmのスペース
ランナーRAワンステップバス。前中
引戸・黒枠逆T字型窓で、1816は用途
外車である。

●PKG-AP35UK　　　　　（80・81）

機関MD92、軸距4800mmのスペース
ランナーAワンステップバス。S-375
は前中引戸・黒枠逆T字型窓（前照灯
間が黒色）である。他は前中引戸・銀
枠逆T字型窓（S-406は前照灯間が黒
色）である。

●PKG-AP35UM　　　　　（82〜85）

機関MD92、軸距5300mmのスペース
ランナーA。1834・S-376は前中引戸
・黒枠逆T字型窓（前照灯間が黒色）
のワンステップバスである。S-383・
394は前中4枚折戸・黒枠逆T字型窓
のワンステップバス（前照灯間が黒色
で側面表示器が前扉隣）である。S-
382・396・415・447・455・461・462
・469は前中引戸・銀枠逆T字型窓
（S-382・396・415・469は側面表示器

が前扉隣）のワンステップバスである。A0-441・447・1932・1935・S-438・446・450・470は前中4枚折戸・銀枠逆T字型窓（側面表示器が前扉隣）のワンステップバスである。S-405は前中引戸・銀枠逆T字型窓のツーステップバスである。他は前中4枚折戸・銀枠逆T字型窓のツーステップバスである。

●PKG-AP35UP　　　　　（86）

　機関MD92、軸距6000mmのスペースランナーAツーステップバス。前中4枚折戸・黒枠逆T字型窓である。

●LKG-AP35FM　　　　　（87）

　機関6M60、軸距5300mm、ATのスペースランナーAツーステップバス。前中引戸・銀枠逆T字型窓である。

●LKG-AP37FK　　　　　（88）

　機関6M60、軸距4800mm、ATのスペースランナーAノンステップバス。前中引戸・銀枠逆T字型窓である。

TOYOTA

●LDF-KDH223B　　　　　（89）

　機関1KD、軸距3110mmのハイエース。2WD・ディーゼル仕様である。

●CBF-TRH223B　　　　　（90）

　機関2TR、軸距3110mmのハイエース。2WD・ガソリン仕様である。

●CBF-TRH228B　　　　　（91）

　機関2TR、軸距3110mmのハイエース。4WD・ガソリン仕様である。

●3BF-TRH223B　　　　　（92）

　機関2TR、軸距3110mmのハイエース。2WD・ガソリン仕様である。

●ZBC-MUM1NAE　　　　（93）

　113kWモーター×2、軸距5300mmの燃料電池バスSORA。前中扉・半固定窓のノンステップバスである。

HINO

●SKG-XZB60M　　　　　（94）

機関N04C、軸距3200mm、ATのリエッセⅡ。折戸・銀枠窓である。

●SKG-XZB70M　　　　　（95）

　機関N04C、軸距3935mm、ATのリエッセⅡ。折戸・銀枠窓である。

●2KG-XZB60M　　　　　（96）

　機関N04C、軸距3200mm、ATのリエッセⅡ。スイングドア・銀枠窓である。

●2KG-XZB70M　　　　　（97）

　機関N04C、軸距3935mm、ATのリエッセⅡ。スイングドア・銀枠窓である。

●KK-RX4JFEA　　　　　（98）

　機関J05C、軸距3550mmのリエッセ。前中折戸・銀枠窓・中扉リフトつきである。

●PB-RX6JFAA　　　　（99・100）

　機関J05D、軸距3550mmのリエッセ。A6-136・A7-188は前中折戸・黒枠窓・中扉リフトつきである。他は前折戸・黒枠窓である。

●ADG-HX6JLAE　　　　（101）

　機関J05D、軸距4825mmのポンチョで、S-452はAT。2扉・逆T字型窓である。

●BDG-RX6JFBA　　　　（102）

　機関J05D、軸距3550mmのリエッセ。前中折戸・黒枠窓・中扉リフトつきである。

●BDG-HX6JHAE　　　　（103）

　機関J05D、軸距4125mm、ATのポンチョ。1扉・逆T字型窓である。

●BDG-HX6JLAE　　　　（104）

　機関J05D、軸距4825mm、ATのポンチョ。2扉・逆T字型窓である。

●SDG-HX9JHBE　　　　（105）

　機関J05E、軸距4125mm、ATのポンチョ。1扉・逆T字型窓である。

●SDG-HX9JLBE　　　　（106）

機関J05E、軸距4825mm、ATのポンチョ。2扉・逆T字型窓である。

● 2DG-HX9JHCE　　　　　　（107）

　機関J05E、軸距4125mm、ATのポンチョ。1扉・逆T字型窓である。

● 2DG-HX9JLCE　　　　　　（108）

　機関J05E、軸距4825mm、ATのポンチョ。2扉・逆T字型窓である。

● PKG-KV234Q2　　　　　　（109）

　機関6HK1、軸距5800mmのブルーリボンⅡ。前中引戸・黒枠引き違い窓のワンステップバス。尚美学園から引き継いだ。

● BJG-HU8JLFP　　　　　　（110）

　機関J08E、軸距4800mmのブルーリボンシティハイブリッド。前中引戸・黒枠逆T字型窓である。

● 2SG-HL2ANBP　　　　（1・111）

　機関A05C、軸距5300mm、AMTのブルーリボンハイブリッド。前中引戸・黒枠逆T字型窓（A0-216・223・224・A1-234〜237・A2-276〜278は側面表示器が前扉隣で中扉が広幅）。A0-216からS-toryカラーとなっている。

● BDG-RU8JHAA　　　　　　（112）

　機関J08E、軸距4200mmのセレガハイデッカー。スイングドア・T字型窓。27人乗りである。

● PKG-RU1ESAA　　　　（113・114）

　機関E13C、軸距6080mmのセレガ。1764はスイングドア・T字型窓のスーパーハイデッカー。53人乗りである。1870〜1872・1877・1878・1991・1092・1093・1095はスイングドア・T字型窓のハイデッカー。1092は58人乗り、他は53人乗りである。

● LKG-RU1ESBA　　　　　　（115）

　機関E13C、軸距6080mmのセレガハイデッカー。スイングドア・T字型窓。58人乗りである。

● QRG-RU1ASCA　　　　　　（116）

　機関A09C、軸距6080mmのセレガハイデッカー。スイングドア・T字型窓。1432は後部トイレつき52人乗り、他は55人乗りである。

● QTG-RU1ASCA　　　　　　（117）

　機関A09C、軸距6080mmのセレガハイデッカー。スイングドア・T字型窓。1567は後部トイレつき52人乗り、他は60人乗りである。

● 2TG-RU1ASDA　　　　　　（5）

　機関A09C、軸距6080mmのセレガハイデッカーで、1811からはAMT。スイングドア・T字型窓。60人乗りである。

MITSUBISHI FUSO

● TPG-BE640E　　　　　　（118）

　機関4P10、軸距3490mmのローザ。スイングドア・黒枠窓である。

● TPG-BE640G　　　　　　（119）

　機関4P10、軸距3995mmのローザ。スイングドア・黒枠窓である。

● 2RG-BE740E　　　　　　（120）

　機関4P10、軸距3490mm、AMTのローザ。折戸・黒枠窓である。

● 2RG-BE740G　　　　　　（121）

　機関4P10、軸距3995mm、AMTのローザ。スイングドア・黒枠窓である。

● SKG-MK27FH　　　　　　（122）

　機関6M60、軸距4340mmのエアロミディMKノンステップバス。前中引戸・銀枠逆T字型窓である。

● TKG-MK27FH　　　　　　（123）

　機関6M60、軸距4340mmのエアロミディMKノンステップバス。前中引戸・黒枠逆T字型窓である。

● LKG-MP35FK　　　　（124・125）

　機関6M60、軸距4800mm、ATのエアロスターワンステップバス。前中引戸・銀枠逆T字型窓（A1-568・569・603

・A2-620〜622・625は側面表示器が前扉隣）である。

●LKG-MP35FM　　　　（126・127）
　機関6M60、軸距5300mm、ATのエアロスター。S-005は前中引戸・銀枠逆T字型窓のツーステップバスである。S-009・010は前中4枚折戸・銀枠逆T字型窓のツーステップバスである。A1-584・A2-654は前中4枚折戸・銀枠逆T字型窓（側面表示器が前扉隣）のワンステップバスである。他は前中引戸・銀枠逆T字型窓のワンステップバスで、A1-585・A2-612・1193は用途外車である。

●LKG-MP37FK　　　　　　（128）
　機関6M60、軸距4800mm、ATのエアロスターノンステップバス。前中引戸・銀枠逆T字型窓である。

●QKG-MP35FK　　　　（129・130）
　機関6M60、軸距4800mm、ATのエアロスターワンステップバス。A2-673は前中引戸・銀枠逆T字型窓（側面表示器が前扉隣）である。他は前中引戸・黒枠逆T字型窓で、A6-884から新型マスクとなっている。

●QKG-MP35FM　　（2・131〜133）
　機関6M60、軸距5300mm、ATのエアロスターワンステップバス。A2-670・672・682は前中引戸・銀枠逆T字型窓で、A2-682は用途外車である。A2-674・676・683は前中4枚折戸・銀枠逆T字型窓（側面表示器が前扉隣）である。A3-28・580・589・636・A6-878・880・897は前中4枚折戸・黒枠逆T字型窓（側面表示器が前扉隣）で、A6-878から新型マスクとなっている。他は前中引戸・黒枠逆T字型窓で、A3-68・77は用途外車で、S-038から新型マスクとなっている。

●QKG-MP35FP　　　　　（9・10）

機関6M60、軸距6000mm、ATのエアロスター。S-015・016は前中引戸・銀枠逆T字型窓のツーステップバスである。他は前中4枚折戸・黒枠逆T字型窓のワンステップバスで、新型マスクとなっている。

●QKG-MP37FK　　　　（134・135）
　機関6M60、軸距4800mm、ATのエアロスターノンステップバス。A2-687までは前中引戸・銀枠逆T字型窓である。A2-688からは前中引戸・黒枠逆T字型窓である。

●QKG-MP38FK　　　　　　（136）
　機関6M60、軸距4995mm、ATのエアロスターノンステップバス。前中引戸・黒枠逆T字型窓である。

●2PG-MP38FK　　　　（137・138）
　機関6M60、軸距4995mm、ATのエアロスターノンステップバス。A8-650からA0-159までは前中引戸・銀枠逆T字型窓である。A8-509までとA0-167からは前中引戸・黒枠逆T字型窓。A0-167からS-toryカラーとなっている。

●QRG-MS96VP　　　　　　（139）
　機関6R10、軸距6095mmのエアロエース。スイングドア・T字型窓。後部トイレつき50人乗りである。

●QTG-MS96VP　　　　　　（140）
　機関6R10、軸距6095mmのエアロエース。スイングドア・T字型窓。後部トイレつき50人乗りである。

●2TG-MS06GP　　　　　　（141）
　機関6S10、軸距6000mm、AMTのエアロエース。スイングドア・T字型窓。後部トイレつき50人乗りである。

BYD ▰▰▰▰▰▰▰▰▰▰▰▰▰

●K8　　　　　　　　　　（142）
　75kWモーター×2、軸距5500mmの電気バス。前中扉・黒枠逆T字型窓のノンステップバスである。

西武バスのあゆみ

text■鈴木文彦　　photo■西武バス・編集部

　西武バスは、西武グループの中核をなすバス事業者として、東京都と埼玉県にまたがる地域、南北はJR中央線からJR川越線、東西はJR京浜東北線からJR八高線・青梅線に囲まれるエリアを中心とし、乗合バス・貸切バスを営業するバス事業者で、空港連絡路線を含む高速バスも9路線運行する。乗合バス854台、貸切バス12台を擁し、乗合バス免許キロ2,481.6km、従業員1,804人と、バス事業者としては大手に属する。本社は所沢市に置かれ、東京都内に練馬、上石神井、滝山、小平、立川の5営業所、埼玉県内に新座、所沢、大宮、川越、狭山、飯能の6営業所を持つ。直系のバス事業者は2社で、西武観光バスは秩父地区および軽井沢・三原地区の一般路線と空港連絡路線を含む高速バス8路線で乗合バス計64台を営業するほか、練馬、大宮、狭山、秩父、軽井沢の5営業所で貸切バス55台を営業する。また、特定バス事業を専門に行う西武総合企画は、高野台、所沢、所沢センター、川越、狭山、飯能に営業所を置き、217台で営業している。

戦前

■大正末期から昭和初期に路線網拡大

　西武バスのルーツは、浦和市を本拠として1932（昭和7）年に設立された東浦自動車で、当初の路線は、浦和市東側の循環路線と浦和～鳩ヶ谷間であった。

　東京や埼玉において急速にバス事業が拡大していった大正後期、現在の西武バスにつながる路線が、東京では1921（大正10）年に桑原晴民（のちに本橋トク）による武蔵境～田無町（現・ひばりヶ丘）間、埼玉では1922（大正11）年の本橋頴一による所沢～箱根ヶ崎～青梅間（のちに川越へ延長し、ムサシノ自動車部と改称）で誕生した。1925（大正14）年には栗原枡治の豊岡町（現・入間市）～箱根ヶ崎～拝島間、大井八郎の入間川（現・狭山市）～豊岡町～飯能間、1926（大正15）年に美濃部喜六の入間川～川越間、諸口慶次郎（のちの丸慶自動車）の入

本橋トクが武蔵境～田無町で使用したフォード　　グリーンホテルに停車する高原バスのフォード

曽～川越間と続く。この間に秩父自動車も秩父～小鹿野間、三峰口駅～落合間などを開業している。その後、各社は路線を拡充、ムサシノ自動車部、本橋トク、丸慶自動車、千歳自動車商会などはかなりの路線網となった。

　昭和初期になると、この地域のバス路線網は鉄道事業者によって急速に拡大する。西武鉄道は鉄道の培養として 1927（昭和 2）～1935（昭和 10）年に所沢～志木間、川越～大宮間、武蔵境～田無～保谷・前沢間、青梅橋～関町間、奈良橋～青梅橋～立川間を開業、武蔵野鉄道は 1930（昭和 5）～1933（昭和 8）年に飯能から入間川、坂戸、狭山、吾野へ、豊岡町から狭山へと開業した。多摩湖鉄道は 1933 年に国分寺から所沢、小川へ、東村山から横田へと開業した。

　軽井沢地区は大正初期に観光開発に着手した箱根土地が、別荘地の足を確保するため 1920（大正 9）年に自動車部を開設し、千ヶ滝地区の夏期巡回バスを運行したのが始まりであった。1923（大正 12）年には南軽井沢～南原入口間、中軽井沢～グリーンホテル間の定期路線が開業、1932 年には軽井沢～分去り茶屋～三原間、三原～万座口～草津温泉間が開業して、一挙に路線が拡充された。

■鉄道を中心とした企業への統合

　1933年に 1 路線 1 営業主義を旨とする自動車交通事業法が公布されると、次第に大資本への自主統合の気運が高まっていった。1936（昭和11）年前後に千歳自動車商会、ムサシノ自動車部、本橋トクは西武鉄道に合併、西武鉄道は中央線沿線から所沢、大宮にかけての広域をカバーした。

　武蔵野鉄道には経営の悪化から1932年に箱根土地が経営参加しているが、1933年に青梅～飯能間、青梅～吉野～御嶽間などを営業していた青梅自動車を合併、これにより武蔵野鉄道は飯能、豊岡町から青梅、狭山方面をカバーしたほか、秩父自動車を傘下に収めている。

　多摩湖鉄道は親会社の箱根土地の広域交通網計画に沿って、丸慶自動車、栗原枡治を買収した。この結果、多摩湖鉄道は村山・箱根ヶ崎を経て青梅、川越から豊岡町・箱根ヶ崎を経て拝島に至るラインをカバーすることとなった。また東浦自動車は1930年に川越に創業した菖蒲倉庫のうち、川越～浦和間を譲受、埼玉県西部へ進出を果たした。まもなく東浦自動車は、同じ箱根土地系であった多摩湖鉄道の傘下となる。

渡し船で多摩川を越えた多摩湖鉄道の乗合バス

武蔵野鉄道が購入した日産セミキャブオーバー

　1936年には西武鉄道が所沢～立川間を開業して大和、立川に事業所を設置、1937（昭和12）年には秩父自動車が秩父から吾野へ延長して武蔵野鉄道と接続した。その後、武蔵野鉄道は秩父自動車を合併している。1938（昭和13）年には武蔵野鉄道が東村山から清瀬・野火止へ延長、多摩湖鉄道は拝島から多摩川を渡し船でバスごと越えて八王子まで運行した記録が残っている。

　戦時体制に入ると、新たな路線展開は1942（昭和17）年に工具輸送のため開業した西武鉄道の立川駅北口～郷地（昭島）～立川駅南口間、武蔵野鉄道の大泉学園～朝霞・吉祥寺間程度で、鉄道並行路線や村山貯水池・山口貯水池などへの行楽路線を中心に休廃止が進められた。また車両は代燃化を余儀なくされた。

■戦時体制下での統合

　1938年公布の陸上交通事業調整法により、急ぎ調整を要する地域として東京都とその周辺地域が指定された。これを受けて、武蔵野鉄道は1940（昭和15）年に同じ箱根土地系列であった多摩湖鉄道を合併、その後、武蔵野鉄道が西武鉄道と食糧増産を合併する形で、1945（昭和20）年に西武農業鉄道が成立した。各社のバス事業も鉄道に追随するが、東京市外では1942年の通牒にもとづくバス部門の統合計画も、箱根土地の指導のもとで計画された。それは東浦自動車を統合母体とし、それに各鉄道会社のバス部門を切り離して統合するというものであった。

　これに沿って、1946（昭和21）年3月に東浦自動車は武蔵野自動車と改称し、同年6月に西武農業鉄道に属していた元・武蔵野鉄道（旧・秩父自動車を含む）、元・西武鉄道、元・多摩湖鉄道のバス部門を譲り受け、東京の調整の関係で大原乗合を買収して、ほぼ現在のエリアを統合した。そして1947（昭和22）年2月に本社を所沢へ移転し、同年11月に社名を西武自動車に変更した。バスを分離した西武農業鉄道は、新・西武鉄道として新たなスタートを切った。

戦後

■戦後の復興と路線拡充

　統合により西武自動車がスタートした時点で、路線の半分以上は休止のまま、

西武電車カラーに塗られたアンヒビアン改造車　秩父の中津川地区に導入された初代の三角バス

車両もすべて代燃車で、可動車両数は少なかった。まず所沢〜立川間や比較的被害の少なかった秩父地区などを順次再開、1947年には立川〜砂川〜宮沢間や小鹿野〜納宮間などの路線を新設した。当時の車両は銀色に塗られ "銀バス" と呼ばれたが、まもなく進駐軍払い下げのGMCアンヒビアン改造車などが加わるとともに、マルーンとクリームの当時の西武電車と同じカラーとなった。

　主要路線が本格的に復旧するのは1948（昭和23）年からで、同年に所沢〜豊岡町間、入間川〜豊岡町間、秩父〜寄居間などが復旧したほか、保谷〜練馬間、関町〜江古田間などが新設され、路線拡大が図られた。1949（昭和24）年から1951（昭和26）年にかけては石神井公園〜荻窪間、上井草〜池袋間、新井薬師〜江古田間、練馬〜成増間など都区内で拡充がなされ、練馬営業所が新設された。1954（昭和29）年にかけては武蔵小金井から清瀬、東久留米、入間川から笠幡、朝霞から新座、上山口など、郊外部での展開がめだった。また1951年には新宿駅西口へ乗り入れたほか、秩父地区では中双里から中津川まで路線が延長されたのに伴い、バスを道路条件に合わせて特注した通称 "三角バス" が登場している。

■都心乗り入れ路線の台頭とエリア拡大

　1948年から1949年にかけて、西武自動車は東京都交通局との相互乗り入れで田無〜大泉学園〜練馬〜新橋間、上石神井〜鷺宮〜新橋間を、関東乗合（現・関東バス）を加えた3者で石神井公園〜目白〜東京駅間、新井薬師〜新大久保〜東京駅間を開設した。このほか、豊島園〜荻窪間を関東乗合と、所沢〜浦和間を東都乗合（現・国際興業）と相互乗り入れで開業した。これら都心直通路線には大型ディーゼルバスが採用され、以後、ディーゼル化と大型化が進むようになった。

　1950（昭和25）年に西武自動車は貸切バスの仮免許を取得して営業を開始し、1952（昭和27）年には正式に貸切バス免許を受けて東京都と埼玉県の一部で事業展開が始まった。バスのボディカラーは1953（昭和28）年からピーコックブルーの "笹の葉" を表したデザインに変わっている。

　1950年代後半から1960年代前半にかけては、破竹の勢いで路線が延びた時期であった。1958（昭和33）年までに武蔵小金井から府中本町へ、飯能から高麗川・日高へ、石神井公園から下赤塚へ、川越から志木へ、入間川から坂戸へ、青梅から成木へ、拝島から八王子、福生へ、所沢から上福岡へ、清瀬から全生園経由久

1960年代の主力車として活躍したいすゞBA741

軽井沢急行増備車として登場したいすゞBC151

米川へと新たな地域に路線が延び、東は既設の浦和〜鳩ヶ谷間が草加まで延長された。こうした事業規模拡大に対処するため、1956（昭和31）年10月に本社を東京都豊島区（池袋・西武鉄道本社ビル内）に移転している。

　さらに1960（昭和35）年から1965（昭和40）年にかけて青梅から狭山湖へ、東村山から箱根ヶ崎へ、東伏見から三鷹へ、大宮から浦和大久保、北浦和へ、日高から毛呂山へ、飯能から名栗森河原へ、所沢から鶴瀬、清瀬、南永井へ、吉祥寺から成増、小平へ、立川から久米川へ、川越から今福中台へとネットワークを拡大した。拡充に伴い1964（昭和39）年に大宮営業所が与野から移転新設された。

■軽井沢地区の譲受と長距離路線への進出

　1958年5月には軽井沢・三原地区を運行していた国土計画（元・箱根土地）のバス部門を譲受し、千ヶ滝営業所・三原出張所として営業開始した。この地域は主として観光路線であり、戦時中にほとんど休止となったが、国土計画と改称した戦後は“高原バス”と呼ばれ順次復活した。1954年には碓氷峠や万座温泉へ、1956年には長野原へ延長され、譲受後、1972（昭和47）年までに草津温泉から白根火山・殺生河原・天狗山スキー場、万座温泉、嬬恋村へと拡大されていく。なお、高原バスの名は西武自動車に変わってからも引き続き使用されている。

　軽井沢地区にベースができたため、西武自動車は全国的な長距離路線ブームのなか、1961（昭和36）年7月、西武新宿・西武池袋〜軽井沢（千ヶ滝）・鬼押出間の急行バスを新設した。同じ1961年には豊岡町〜御嶽間の路線を延長し、豊岡町〜小河内ダム間の急行バスを運行開始、鉄道との一貫輸送を行った。また1963（昭和38）年には西武池袋・西武新宿・品川〜大磯ロングビーチ間の急行バスも開業した。軽井沢と大磯ロングビーチはともに西武グループの開発による観光地で、これらの路線には初めて冷房つきロマンスカーが採用された。一方、エリア内でも大宮〜飯能間、立川〜飯能間といった距離の長い系統が新設されている。

■団地路線の開発と事業の伸び

　1960年代には北多摩地域や埼玉県南部は宅地化とともに団地建設が活発化、学校や工場も続々と立地した。このため急増する需要に応え、1963年から1965年にかけて東久留米駅〜東久留米団地間、武蔵小金井駅〜松ヶ丘住宅間、武蔵境駅〜

貸切バスとして1966年に新製された日野RB10P　北村ボディの前後扉のワンマンバス日デ4R94

田無～ひばりヶ丘団地～ひばりヶ丘駅間、立川駅～東京街道団地間、武蔵小金井駅・小平駅～小平団地間の団地路線と、武蔵境駅～石川島播磨間などが新設された。1966（昭和41）～1969（昭和44）年には立川駅～けやき台団地間、立川駅南口～新道福島（富士見町団地）間、久米川駅・青梅橋（現・東大和市）駅～村山団地間、そして沿線有数の大規模団地である滝山団地・久留米西団地の開設により、武蔵小金井・武蔵境・東久留米の各駅から滝山団地・久留米西団地への路線が開業した。1970年代初頭にも立川駅から芝中団地、松中団地への乗り入れがなされている。こうした団地路線に対処するため、1967（昭和42）年に小平営業所、1969年初頭には滝山営業所が新設された。また1968（昭和43）年に練馬営業所は現在の南田中に移転、上石神井は大泉の車庫から営業所に昇格した。

　貸切バスは1960年代後半には80台規模に育ち、会員募集のツアーなども積極的に展開されるようになった。また1960年代前半に始まった旧盆・年末の帰郷バスも定着している。こうした拡大傾向のなかの1969年4月、西武自動車は社名を現行の西武バスへと変更した。

■運行環境の変化と効率化

　輸送力増強にあたって車掌不足が顕在化したため、西武自動車では1962年に新所沢～所沢間を最初にワンマン化したのち、立川～南街間、武蔵境～田無間と順次ワンマン化を進めていった。当初のワンマン専用車は前後扉が採用された。ワンマン化は1970年代から1980年代初めにかけて順調に進み、1986（昭和61）年の小鹿野役場～長沢間を最後に100％となった。

　1960年代以降、自動車の増加に伴う道路環境の悪化から、定時性の喪失により利用者が逸走したため、1970年代に距離の長い路線、踏切を横切る路線や相互乗り入れ路線の分断、不採算路線の廃止が進められた。これによって、歴史ある浦和～鳩ヶ谷間や箱根ヶ崎～拝島・宮沢間、1950～1960年代の拡張期に延長された府中、八王子、寄居、草加、長野原の各地区などから撤退、秩父地区では西武鉄道秩父線の開通によって正丸～秩父間が廃止となったほか、末端部のカットが行われた。1975（昭和50）年には飯能と入間市からの路線を残して青梅地区の路線を撤収、吉野・和田・成木方面の路線は東京都交通局が引き継いだ。長距離急行バスも定時運行ができなくなり、1970（昭和45）年に所沢～小河内ダム間と池袋

1970年代の主力として多数活躍した三菱MR410

1984年に登場した3軸貸切車「ブルーアロー」

～大磯ロングビーチ間、1971（昭和46）年に新宿～軽井沢間が廃止となった。

　車両は1970年代後半にいったん三菱のみとなるが、諸事情により数年後、日産ディーゼルに統一された。低床化への取り組みは1973（昭和48）年からと早く、都区内での乗降性向上のため、1978（昭和53）年から3扉、1987（昭和62）年から中扉4枚折戸も採用されている。路線バスの冷房化は1979（昭和54）年に開始され、1990年代初めには軽井沢地区を含め100％となっている。

　貸切バスは1970年代後半にセミデッカーが導入され、フルデッカーが導入された1980（昭和55）年に現行のライオンズカラーに変更された。サロンカーやトイレつき貸切バスの導入にも積極的で、1984（昭和59）年にはいち早く3軸スーパーハイデッカーを導入、調理コーナーつきのデラックスサロンも登場した。

■埼玉県内のベッドタウン化と特定事業の拡大

　1970年代後半から1980年代にかけて、埼玉県で急速なベッドタウン化による大規模団地の建設や大学の移転が相次いでいた。このため以降の路線展開は、1975年に狭山市～狭山台団地間の開業とともに狭山営業所が新設されたのを契機に、所沢以西が中心となる。1991（平成3）年までに仏子～ぶしニュータウン間、本川越～川越グリーンパーク間、所沢～西武松ヶ丘間、飯能～美杉台ニュータウン間、所沢・東所沢～エステシティ所沢間、小手指～早稲田大学間、狭山市～狭山グリーンハイツ間、狭山市～西武柏原ニュータウン間と拡大されていく。

　ベッドタウンの需要を反映し、1988（昭和63）年の立川～南街間を最初に深夜バスも運行開始し、狭山市～狭山台団地、清瀬～旭ヶ丘団地、東久留米～東久留米団地、武蔵小金井～滝山団地・久留米西団地が続いた。1990（平成2）年の新宿駅西口～新所沢駅間を最初に深夜急行バス、深夜中距離バスにも取り組んだ。

　また、新設企業や学校の輸送を担うため、西武バスは特定事業を目的とした西武自動車を1983（昭和58）年に100％出資で設立、契約による通勤通学・送迎輸送を開始した。その後、西武バスの定期券代売業務、清掃業務、警備業務など事業が多様化したことから、1998（平成10）年に社名を西武総合企画と変更した。

■高速バス事業への着手

　1985（昭和60）年12月、東京からの長距離高速バスのトップを切って、池袋か

西武総合企画が運行する学生輸送用の特定バス

西武高原バスが運行する軽井沢地区の路線バス

ら関越自動車道経由で新潟までの関越高速バスが開業した。新潟交通・越後交通と共同運行し、トイレつき34人乗りスーパーハイデッカーを使用した夜行・昼行ペアのパターンは、その後の西武バスの高速バスの基本形となった。新潟線の好調を受けて、1987年末には富山線（富山地方鉄道と共同）、1988年末には伊勢線（三重交通と共同）、金沢線（北陸鉄道と共同）、1989（平成元）年には大宮〜成田空港間（千葉交通など5社と共同）、大津線（近江鉄道と共同）、上越線（越後交通・頸城自動車と共同）、1990年末には南紀勝浦線（三重交通と共同）、1991年には佐久上田線（千曲バスと共同）、1994（平成6）年末には高岡・氷見線（加越能鉄道と共同）、1996（平成8）年末には長野線（長電バスと共同）、1999（平成11）年には大阪線（阪急バスと共同）、前橋線（日本中央バスと共同）と伸びていった。

■分社化と管理委託

バス事業の環境が厳しくなるにつれ、ロケーションの異なる地域を同じ運営形態で営業することには限界があった。そこで1989年4月、全額出資の西武秩父バスを設立し、小鹿野線を譲渡して営業開始したのち、秩父管内の路線を順次移管していった。1991年10月には同様に、千ヶ滝・三原管内の乗合・貸切すべてを移管して西武高原バスを設立した。同社は1992（平成4）年から小諸線高速バスを西武バスから引き継ぎ、のちに佐久線、軽井沢線の移管を受けたほか、新規に立川小諸線、上田・別所温泉線を開始している。

一方、貸切バスは規制緩和を見据えて乗合と運営形態を分けるのが適切と判断され、1996年4月に埼玉県内の貸切バスを西武秩父バスに譲渡して狭山・大宮の2営業所を開設、西武秩父バスは社名を西武観光バスと変更した。1999年には練馬営業所も開設し、都内の貸切バスも大半を移管した。高速バスは大津線が1999年に西武観光バスに移管されたのを最初に、伊勢・鳥羽線、南紀勝浦線が大宮延長に伴って西武観光バスに管理委託されたのち2003（平成15）年10月に移管、大宮〜羽田空港間も同時に西武観光バスに移管された。その後、2017（平成29）年4月に西武高原バスが西武観光バスに吸収合併され、乗合・貸切バスを営業する分社会社は西武観光バスに統合されている。

1999年には西武自動車が全額出資で設立され、同年12月から飯能営業所をもっ

1995年に採用したリフトつきワンステップバス

1998年に導入を開始しているノンステップバス

てぶしニュータウン線を移管した。3番めの"西武自動車"である。同社はむしろ管理受委託の受け皿としての性格を持ち、2000（平成12）年以降、西武バス練馬・飯能・立川・上石神井（高野台）管内の管理の受託を行った。しかし取り巻く環境の変化などにより所期の効果が見込みにくくなったことから、2010（平成22）年12月に西武自動車は西武バスに合併し、管理の受委託も解消された。

　西武総合企画は2006（平成18）年に小平・大泉営業所を廃止して高野台営業所を新設、2009（平成21）年に所沢と飯能の事業の一部を分離して所沢センターを設置した。さらに2012（平成24）年には警備・清掃などの業務を分離し、特定バス事業専業の新会社となった。2019（平成31）年には芝営業所を閉鎖している。

近年

■路線バスの変化

　路線バスは沿線環境の変化に伴って再編成され、1997（平成9）年には国際興業の川越地区撤退を受けて川越・日高地区に路線を拡大したが、日高地区の一部は2006年にイーグルバスに移管している。1998年の多摩都市モノレール開通に伴い、立川・東大和市周辺の路線が再編された。このほか2000年代前半には大宮地区や新狭山、新座地区などで路線を増強、練馬区内では小型バスを使用したきめ細かな路線を新設した。2000年代後半には飯能・川越管内などで深夜バスが増強されたほか、入間市の三井アウトレットパークのオープンに伴い2008（平成20）年以降、入間市駅、羽村駅、立川駅などから直行バスを新設している。さらに小金井街道や埼玉大学周辺など4地区にPTPSを導入し、運行改善を行ったほか、2005（平成17）年までに全営業所でバスロケーションシステムを稼働させた。

　1994年から1997年にかけて分社会社を除く全路線にバス共通カードを導入した。さらに2007（平成19）〜 2008年には西武高原バスを除く全路線にICカード「PASMO」を導入し、バス共通カードから切り替えた。そのほか1997年からは学校の休暇期の「子供50円」運賃を採用、1998 〜 2000年には狭山、所沢、入間、東久留米、川越の市内で初乗り100円運賃を採用した。

　2000年代に入ると、車両面ではノンステップバスを中心にCNGやハイブリッド

川越営業所に配置されたCNGノンステップバス

西東京市「はなバス」用のクセニッツCITYⅡ

も採用された。なお、1998年からはいすゞの採用が再開され、2012年の日産ディーゼルの撤退に際して、以後はいすゞと三菱ふそうを主体とし、小型ノンステップやハイブリッドなど特殊仕様で日野が加わる形の車両導入となった。

　これらの発展に伴い1987年に川越営業所を移転新築、1989年には狭山営業所飯能支所と青梅営業所を統合して美杉台に飯能営業所を新設、1992年には新座営業所を新設した。また田無営業所の廃止により、滝山営業所西原車庫を1994年に新設した。1994年11月には本社を池袋から所沢へと移転している。2002（平成14）年にはいったん川越に統合した狭山営業所を現在地で新設、2005年には伊豆箱根鉄道東京営業所の跡地に高野台事業所を設けた。2009年には所沢営業所が移転新築され、跡地は西武総合企画の所沢センターとなった。2011（平成23）年には高野台を練馬に統合するとともに、西武観光バス練馬営業所は高野台に移転した。

■地域との共生とコミュニティバス

　ローカル路線は1987年に青梅方面でフリー乗降制を採用し、秩父地区では1993（平成5）年からフリー乗降とともにメロディーバスを採用した。青梅地区では2002年に青梅駅乗り入れを中止、東青梅駅・河辺駅へのアクセスに改めた。

　西武高原バスは1994年に「軽井沢美術館めぐりバス」を運行、2003年には軽井沢町内循環バスを新設した。町内循環バスは再編され、2008年にボンネットバスが導入された。西武観光バスは2004（平成16）〜2005年に地域のアクセスを高めるべく路線を増強、2009年には定峰線を定峰峠入口へ延伸するなど観光対応を強化した。同年には地域との連携をベースに、久那線の花見の里延長に際して専用デザインの中型ノンステップバスを導入した。2014（平成26）年に西武高原バスのボンネットバスを転属させ、市街地回遊バス「ちちぶ巡礼バス」を運行した。

　地域との連携のなかで、1991年に練馬区シャトルバスを運行したのを皮切りにコミュニティバスの受託が拡大した。1994年から現在までに朝霞市、保谷市（のちに西東京市）、新座市、川越市、日高市、入間市、狭山市、所沢市、東村山市、東大和市、さいたま市、小平市、清瀬市と、非常に多くのコミュニティバスを走らせている。これらは順次、適正なダイヤへの変換やICカードへの対応などが行われたほか、東村山市、東大和市などでは自治体との協議により、100円運賃から路線バスベースの運賃への変更などが実現している。

ボンネットバスの「軽井沢美術館めぐりバス」

日本最長を誇った〈ライオンズエクスプレス〉

■移りゆく高速バス

　高速バスは2000年代に入ると空港連絡路線が拡充され、2008年までに大宮、光が丘、所沢、川越、大泉学園から羽田空港へ、所沢、大泉学園から成田空港へと開業、大宮と所沢からの富士五湖線が季節運行を開始した（2009年に西武観光バスに移管）。その後、2011年には西武高原バスが立川軽井沢線と横浜・羽田～軽井沢線を開業した。西武バスは同年12月に和光・志木～東京スカイツリー®間、2012年に石神井公園～羽田空港間を新設した。

　夜行高速バスも西武観光バスの運行により、大宮起点で池袋などを経由する路線が2004年末に名古屋線、2005年に京都・大阪・神戸線（2009年に立川・東大和へ乗り入れ）を開業、2008年夏には宇和島線の季節運行を開始した。その後、大宮発着路線を横浜（YCAT）に乗り入れ、2011年には2往復の鳥羽線を中央道と東名の2経路に改めて横浜と立川に乗り入れた。そして同年12月には日本最長路線となる大宮・池袋・横浜～福岡間1,170kmの〈ライオンズエクスプレス〉が西武観光バスと西鉄高速バスの共同運行で開業、このとき採用された"レジェンドカラー"がその後の高速バス車両のデザインとなった。さらに2013（平成25）年には大宮・池袋・新宿・横浜～南紀白浜間がスタートした（明光バスと共同）。

　高速バスの基礎をつくった新潟線は増強が続き、2006年には16往復とほぼ1時間おきの運行となり、夜行便には女性専用車も追加された。2013年には長岡駅経由の系統を昼夜各1往復で新設している。金沢線は2001（平成13）年に一部が、2006年に全便が新宿発着となり、2007年に北陸鉄道が撤退して西武バスとJRグループの共同運行となった。新潟・富山・上越・高岡氷見線は2012年に新宿に乗り入れた。また、これら当初4列シートでスタートした路線に順次3列シート車が導入され、周年キャンペーンなどで利用者をさらに伸ばしている。

　しかし取り巻く状況の変化もあり、2000年代以降は近距離の比較的収益性の高い路線を拡充する一方、利用の伸びない路線やコストバランスの良くない路線については縮小されることとなった。2015（平成27）年に渋谷軽井沢線、2019年には吉祥寺東京ディズニーリゾート®線などをスタートさせる一方で、2003年から2020（令和2）年にかけて光が丘羽田空港線、前橋線、名古屋線、大阪線、福岡線、京都・大阪・神戸線、長野線、コロナ禍を経て2022（令和4）年に金沢線が廃止または共同運行から撤退となった。

ユーグレナ社のバイオ燃料を使用した路線バス

2020年から採用されているデザイン "S-tory"

■新しい時代への展開

　近年は接遇の向上により乗合バスの地域での評価も高いほか、定額乗り放題の通学定期券「学トク定期」の設定など利用者の支持を得た施策が多い。2010年代には短期間で西武バス一般乗合全車の行き先表示をフルカラーLEDに変更、2020年にユーグレナ社バイオディーゼル燃料バス（上石神井・滝山）、燃料電池バス（所沢）、2022年にリニューアブルディーゼル燃料バス（所沢）、2023（令和5）年に大型EVバス（新座）を導入するなど、車両面での環境対応を進めている。

　また営業運行に近い形での自動運転の実証実験を2021（令和3）年と2023年の2回にわたって実施、オープンデータ化によるGoogleMAPへの動的データの提供、バス位置情報検索画面への混雑度表示、羽田空港線の一部でのVisaタッチ決済の実証実験など、時代に即応した取り組みも進めている。

　経営環境的には厳しい貸切バスも、2012年にハイグレードバス「レグルス」やリフトつきハイデッカーを採用するなど積極的な施策が見られる。

　2020年4月にはカラーデザインを一新した新車 "S-tory" をデビューさせた。67年ぶりのデザイン変更は専任の社員を置く一大プロジェクトで、「新たな西武バス」「社員のモチベーションの向上や能力発揮できるデザイン」をポイントにコンペを行い、デザイン会社をアド・ウィングに決定した。デザインテーマは「地域と温かく共存し、お客さまを包み込むような衣（クロス）となりたい」とし、西武グループのコーポレートブランドカラーを基調にそれらがクロスするデザインとなった。愛称の "S-tory" はSafety、Smile、Serviceなど利用者への決意を表すキーワードに西武の頭文字を合わせ、鉄道とバスの路線を「織る」意味のtoryとつなげて、沿線の生活が織りなすストーリーを紡ぐネットワークを担う想いが込められた。2020年度の新車からこのデザインとなった。

　2022年には3扉車をグループの近江鉄道から買い戻して復刻、貸切車として登録し、業界にもインパクトを与えた。コロナ禍からの戻りも完全ではなく、厳しさも見える環境のなかで、こうした前向きな取り組みが光る。

参考＝『地域とともに～西武バス60年のあゆみ』、西武バス提供資料

すずき・ふみひこ◎1956年、甲府市生まれ。東北大学理学部地学科卒業、東京学芸大学大学院修士課程（地理学）修了。以後、交通ジャーナリストとして活躍し、バス・鉄道に関する著書・論文など多数。

西武バスのいる風景

text&photo ■ 編集部

約250本のけやきと日本を代表する
作家たちの彫刻が並ぶ清瀬市のけや
き通り。清63系統の電気バスが走る

池袋駅東口を発車し、関越自動車道
に向かう高速バス千曲線。西武バス
はいち早く高速バスを運行開始した

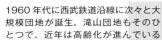
1960年代に西武鉄道沿線に次々と大
規模団地が誕生。滝山団地もそのひ
とつで、近年は高齢化が進んでいる

全国に名高い「狭山茶」のほとんど
は入間市で生産されている。金子駅
近くの茶畑のなかを行く小手07系統

多摩湖橋を渡り「ベルーナドーム」
を目指す上北台駅〜西武球場直通バ
ス。野球開催日の一部日程のみ運行

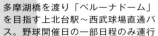

国分寺駅北入口バス停から西武多摩
湖線沿いに延びる西武バス専用道。
同線の複線化用地を転用したものだ

立教大学新座キャンパスと新座駅・
志木駅を結ぶスクールバス。西武総
合企画が受託する特定輸送のひとつ

飯能駅と美杉台ニュータウンを結ぶ
飯20系統。2020年から2回にわたり
自動運転の実証実験が行われている

秩父エリアは国内屈指の石灰石の産
地。武甲山とUBE三菱セメントの工
場を車窓に走る西武観光バス横瀬線

西武観光バス浅間白根火山線は有料
道路の鬼押ハイウェーを経由。浅間
山の雄姿を間近に望むことができる

武蔵野と軽井沢のミュージアムへ

▲航空公園駅前に展示されている旅客機のYS-11。公園には「所沢航空発祥記念館」がある

◀（上）薬草の栽培を行う「東京都薬用植物園」
　（下）苔ともみじが美しい「室生犀星記念館」

text ■ 谷口礼子　　photo ■ 編集部

　梅雨明けの陽射しが降り注ぐ７月。武蔵野と軽井沢を知る学びの旅へ出かけた。10年ぶりの西武バスの旅はいつしか、変わらないものと変わりゆくものに気づき、自分の現在地を知る旅になった。"ふるさと武蔵野"も"避暑地軽井沢"も、温かさと懐かしさを残しながら、少しずつ変化していく。次の10年も新しい歴史をつくりながら、新しい色の西武バスが走るだろう。

たにぐち・れいこ◎1983年、横浜市生まれ。早稲田大学文学部卒業。俳優・ライターとして活動。映画『電車を止めるな！』に出演。

東京都薬用植物園

立37系統	立川駅北口８：42
	都立薬用植物園前８：56

珍しい「薬草」の植物園で学習開始

　とっくに明けていたのではと思うほど、晴れて暑い日が続く関東に梅雨明けの報せが入ったのは、取材前日の７月22日だった。35℃を超える猛暑日の予報が出ている、都内の小中学生たちの夏休み最初の日曜日。待ち合わせ場所の立川駅北口６番乗り場に着くと、青と白を基調にした大きな格子柄のバスが発着している。初めてBJハンドブックシリーズに寄稿して以来、私にとって10年ぶりの取材で出会う西武バスは、リニューアルカラー "S-tory"（エストリー）の新しい顔をしていた。久しぶりに親しい友人に会ったら、雰囲気があか抜けていて、一瞬、距離を感じてしまうような感覚だろうか。横の線は鉄道、縦の線はバスという西武グループの交通網をイメージしたクロスデザインが近代的だ。

　まもなく加藤編集長が現れた。10年ぶりの西武バスの取材に気が引き締まる。「今日はICカードで１日券の1Day Pass（600円）を使います。後乗りなので、乗るときは普通にタッチして、降りるときに運転士さんに１日券をお願いしてから、再度タッチしてください」と加藤さん。最初に乗る立37系統は旧カラーのバスだった。改めて感じるレトロな雰囲気に「この塗装は復刻だったのですか？」と加藤さんに尋ねると、「いえ、昔からのカラーですよ」——なんと今回のリニューアルは67年ぶりなのだというから驚いた。戦後の東京を象徴するデザインが引退してい

乗車路線・区間・時刻・車両

【１日目】

立川駅北口８：42
　⇩ 立37系統／A4-782（立川）
都立薬用植物園前８：56
都立薬用植物園前10：15
　⇩ 立37系統／A5-828（立川）
八幡神社10：31
奈良橋12：09
　⇩ 立35系統／A3-348（立川）
正福寺12：18
ふるさと歴史館14：03
　⇩ グリーンバス／A2-272（小平）
西宿公園14：12
将軍塚14：38
　⇩ 所18系統／A0-225（所沢）
所沢駅西口14：48
所沢駅東口15：25
　⇩ 所56系統／A7-106（所沢）
パークタウン所沢警察署前15：34
航空公園駅16：55
　⇩ 新所03系統／A5-808（所沢）
花園17：15
花園17：35
　⇩ 新所02系統／A4-709（所沢）
本川越駅18：09

▼ペデストリアンデッキの下にある立川駅北口のバスターミナル。イオンモールむさし村山行きの立37系統は６番乗り場から出る

▲ およそ15分で都立薬用植物園前に到着。IC
カードに「1DayPass」を記録して降りる

▼ 薬用植物の正しい知識の普及を行っている
「東京都薬用植物園」。温室から水生植物
区、有用樹木区と見学し、厳重な金網と鉄
条網に囲まれているケシ・アサ試験区へ

くと思うと、少し寂しくもある。

　夏休みの部活に行くらしい高校生など10人ほどのお客を乗せて、バスはビル街の続く立川の街を走りだした。快晴だ。夏の並木は下草も鮮やかな緑である。車内を見回すと、乗客のマスク着用率はほぼ半分くらい。新型コロナウィルスの位置づけが5類感染症に移行してから約2ヵ月。連日の暑さもあって、マスクを外して生活する人が増えてきている実感がある。休日なので道は空いていた。都立薬用植物園前で下車。1つめの見学地に到着だ。

　開園時間の9時ぴったりに門が開いた。まぶしい青空の下にこんもりとした緑と、ガラス張りの温室が見える。ここは「薬草」の収集と栽培に特化した入園無料の植物園だ。広い敷地に、カテゴリー分けされた植物が名札をつけられて並んでいる。「薬草」というので漢方のようなものを想像していたが、カカオやバニラなど私たちがよく口にしている植物も多かった。昔から生活に活用されてきた「有用樹木」や「染料香料植物」、注意が必要な「有毒植物」などに区分けされ、なかでも高い柵に覆われ厳重に管理されているケシ畑の存在感がすごい。恐るおそる柵の間から覗き込むと、麻薬の原料にもなる植物も他と変わらず、美しい夏の緑をたたえて風に揺れていた。

東大和市立郷土博物館

立37系統	都立薬用植物園前10：15
	八幡神社10：31

武蔵野の星空を眺め昔の風景を想像

　10時を過ぎるころには気温が30℃を超え、私たちは植物園の芭蕉の大きな

葉の陰でバスの時間まで過ごした。バス車内の冷房にホッとひと息。車窓に見えるひまわりの花はこの暑さに耐えられるのだろうか。狭山丘陵の手前の八幡神社で降車し、街路表示に従って「東大和市立郷土博物館」に向かう。

▲ 10時過ぎに再び立37系統に乗車。東大和市駅から青梅街道を北上した八幡神社で下車

▼ 狭山丘陵の自然と生活を紹介する「東大和市立郷土博物館」。昭和40〜50年代の写真も展示されている。平日は1回、土日祝日は3回、プラネタリウムの投影が行われる

博物館の入館は無料だが、併設のプラネタリウムは大人300円の観覧券が必要だ。早めに券を手に入れて、11時の投影開始まで館内を見学した。狭山丘陵の成り立ちは興味深い。青梅から放射状に延びる川の流れに、長い時間をかけて削り取られたのが武蔵野台地で、削り残された部分が狭山丘陵だという。地図上で見ても孤島のように見える水と緑の丘の成り立ちを知り、自然の不思議をさらに深く感じた。

プラネタリウムで夏の星座を見上げた。武蔵野から見える星空が広がる。子ども連れの家族が何組もいて、あどけない歓声が微笑ましい。外で遊ぶには暑すぎるけれど、涼しいプラネタリウムなら星空を見ながらゆっくり座っていられる。夏休みの最適な過ごし方のひとつかもしれない。

帰りがけ、館内の廊下に展示された白黒写真に目が止まった。昭和40〜50年代の市内の町並みを写した写真で、未舗装の道ばかり。現在の住宅街は当時、ほとんどが草むらや畑のなかで、隣に並べられた同じ場所の写真と見比べても、面影を探すのが難しいくらいだ。幹線道路の写真のなかに西武バスを見つけ、加藤さんが嬉しそうに指さした。丸みを帯びたレトロなバスだ。白黒写真に、想像で西武バスカラーを着色してみる。写り込んだ小さな子どもを見て、「僕より少し年上かもしれません」と加藤さん。半世紀前の武蔵野の風景と、人々の生活を想像した。

▲ 東村山に向かう都道が青梅街道から分岐す
るする奈良橋バス停から、立35系統に乗る
▼ 住宅街にある「野口製麺所」で昼食。セル
フサービスの天ぷらをつまみにビールで涼
んだあと、肉汁の武蔵野うどんを味わった

東村山ふるさと歴史館

立35 系統	奈良橋12：09 正福寺12：18

ふるさとの味・武蔵野うどんを昼食に

　正午過ぎ。奈良橋バス停でバスを待つと、陽炎の向こうからやってきたのは、今年入った"S-tory"カラーのバスだった。シートの青いチェック柄もオリジナルのデザインだ。青空の下、鮮やかなピンクの百日紅（サルスベリ）の花があちこちで満開だ。狭山丘陵の南側を横切るように東村山市に入り、正福寺まで。

　バス通りから1本住宅街に入ると、途端にのどかになる。古い蔵のある家やビニールハウス、畑のある敷地が入り組んで、曲がり角が小刻みに続く。汗を拭き拭き歩くと、「うどん」ののぼりを出した店「野口製麺所」があった。水田の少ない狭山丘陵周辺の村々では大麦・小麦がつくられた。ゆでた野菜を"カテ"として、温かい汁で冷たいうどんを食べるのが武蔵野流。今日は武蔵野のふるさとの味が昼食だ。

　メインのうどん以外はセルフサービスで、会計時に自己申告という良心的なシステム。冷蔵庫からよく冷えた瓶ビールを出して栓を抜き、まずは加藤さんと乾杯。思わず「うひー」と声が出る。私は舞茸とみょうがの天ぷらをつまみにビールを進めることにした。

　注文の「東村山地粉猪肉汁うどん」（970円）がやってきた。王道の武蔵野うどんである。"カテ"の小松菜がしゃきしゃきで美味しい。温かいつけ汁はけんちん風で、味の染みた大根や人参、肉がたくさん入っている。つけ汁は関東らしく色が濃く塩辛いが、汗をかいた身体に沁みる味だ。添えられ

た薬味のしょうがを使うと、身体の芯がホカホカしてきた。暑いからといってむやみに冷たいものを飲んだり食べたりしがちだが、実は夏は体が冷えやすい。薬草・しょうがの効果をここで体感するとは思わなかった！

グリーン バス	ふるさと歴史館14：03 西宿公園14：12

東村山の歴史を学び古い住宅街を行く

　相変わらずうだるような暑さのなか、栗林やさといも畑を見ながら10分ほど歩き、「東村山ふるさと歴史館」（入館無料）に到着した。館内の冷房で涼みながら、狭山丘陵の東端に位置する東村山市の歴史と文化を学ぶ。鎌倉時代、鎌倉の都に向けて整備された鎌倉街道沿いにあった東村山は、特産品の穀類や根菜を物流に乗せて発展した。江戸時代の後期以降は木綿の紺絣「村山絣」も特産品のひとつだったが、技術が伝承されることなく衰退してしまったという。歴史館には機織りに使われた織機が展示されていた。

　ふるさと歴史館のバス停に、緑色の小型バス・ポンチョがやってきた。東村山市のコミュニティバス「グリーンバス」だ。運賃は180円。先払い制なのでPASMOをタッチする。乗り込んで驚いたのがバスのサイズ。「出入口が1つしかないでしょう。ポンチョのなかでも短いサイズです」と加藤さん。本当だ、中扉がない！　よほど狭い道を走るのだろうと予想したとおり、バスは区画整理のされていない古くからの住宅街を行く。細く曲がりくねった道を正確に覚えて右左折する運転士さんはさすがプロである。東村山駅西口行きの小さなバスは私たちを西宿公園で降ろし、頼もしく走り去った。

▲「東村山ふるさと歴史館」では、鎌倉街道を軸に発展してきた郷土の歴史を紹介。特産品「村山絣」の機織機も展示されている

▼東村山市の「グリーンバス」諏訪町循環線で都県境に近い西宿公園バス停へ。コミュニティバスには1DayPassが使用できない

所沢航空発祥記念館

所18系統	将軍塚14：38 所沢駅西口14：48
所56系統	所沢駅東口15：25 パークタウン所沢警察署前15：34

航空機の迫力に触れ歴史をかみしめる

　東村山市の北端にあった西宿公園から、八国山緑地に沿って将軍塚のバス停まで歩くと、途中で都県境を越えて所沢市に入る。所沢市側の住宅地は比較的開発年代が新しく、整然と並んだ家並みが美しかった。並木道を"S-tory"カラーのバスがやってきた。暑さがピークの15時前、所沢駅西口行きのバスに乗り込み、しばしの休憩だ。

　所沢駅は10年前の取材でも通ったはずだが、不思議と思い出せない。それもそのはず、加藤さんによると、この10年で開発が進み、激変したのだという。高架上の大きな駅ビルにはチェーン店や有名店のテナントが並ぶ。東口に降りると、バスのロータリーだけがかろうじて見覚えのある風景だった。

　航空公園駅行きには4～5人のお客が乗っていた。休日午後ののんびりした空気のなか、まだ強い陽射しが照りつける。次のミュージアムに近いパークタウン所沢警察署前でバスを降り、所沢航空記念公園に足を踏み入れた。

　広い。陽射しを遮るものがない。見渡す限りの芝生と空。保存された飛行機に近づくと、「航空発祥の地」と書かれた看板がある。1911（明治44）年に開設された日本初の飛行場・所沢飛行場の跡地が、ここ航空公園なのだ。公園と言われるより飛行場と言われたほうが納得できる、空と土地の広さである。本日最後のミュージアム「所沢

▲ 都県境を歩いて越えて、将軍塚から所18系統に乗車。所沢駅の西口から東口へ回り、所56系統でパークタウン所沢警察署前まで

▼ 日本初の飛行場の跡地に1978年に開園した所沢航空記念公園。格納庫のような形をした「所沢航空発祥記念館」は1993年に開館

航空発祥記念館」（入館料520円）で、日本の航空の歴史について学ぼう。館内には本物の飛行機が所狭しと展示されていて、近くで見る機体の迫力に圧倒される。航空機開発の歴史は、戦争の歴史と切っても切り離せない。一度は途切れた日本の航空機製造の技術を受け継いだ乗りもの・バスに乗って記念館を訪れたことが誇らしかった。

新所03系統	航空公園駅16：55
	花園17：15
新所02系統	花園17：35
	本川越駅18：09

ふるさとを感じる夕暮れと豪勢な夕食

　記念館を出るころには陽が傾き、一日陽に当たった草の匂いが夕風に乗ってやってきた。日本の航空再開の象徴として誕生した戦後初の国産旅客機「YS－11」が展示された航空公園駅前から、新所沢駅東口行きのバスに乗り、途中の花園で本川越駅行きに乗り継ぐ。17時30分、花園のバス停で防災無線から流れる夕方のチャイム『ふるさと』を聞いた。本川越駅に向かうバスはほぼ席が埋まり、今日いちばんの混雑だった。鉄道駅から離れた地域ということもあってか、それぞれのバス停で乗降があり、乗客の年齢層も幅広い。車窓には茶畑が現れ、いかにも武蔵野を思わせる雑木林の向こうにオレンジ色の夕陽がまぶしい。明日も晴れ予報。また暑くなるのだろう。

　宿泊は本川越駅直結の「川越プリンスホテル」。ホテルのレストラン「和食むさし野」で「うなぎ尽くし御膳」（6,500円）をいただいた。「うなぎの梅肉焼き」が、蒲焼きでも白焼きでもなくさっぱりとした味わいで斬新だ。店員さんに、川越の地酒「鏡山」の入

▲ 館内の地上と空中に展示された飛行機やヘリコプターを見学。航空公園駅まで歩き、新所03系統・新所沢駅東口行きに乗車する
▼ 花園バス停で新所02系統に乗り換え、茶畑を車窓に見ながら本川越駅まで運ばれる

▲ 本川越駅の真上に建つ「川越プリンスホテル」に宿泊。「うなぎ尽くし御前」を注文し、梅肉焼きやずんだ餡かけなどを味わう

乗車路線・区間・時刻・車両

【2日目】

本川越駅7：20
　⇩ 新所02系統／A6-945（所沢）
川越駅西口7：25
川越駅西口7：35
　⇩ 川越36系統／A3-363（川越）
的場一丁目7：58
川越的場9：00
　⇩ 高速バス／1096（観光大宮）
軽井沢駅前11：02
軽井沢駅11：55
　⇩ M系統／A0-478（観光軽井沢）
旧軽井沢11：57
旧軽井沢14：22
　⇩ 町内循環バス／A0-458（観光軽井沢）
風越公園14：54
軽井沢絵本の森美術館※16：58
　⇩ L系統／A9-349（観光軽井沢）
軽井沢駅17：19

※軽井沢絵本の森美術館・エルツおもちゃ博物館

った日本酒呑み比べセットを「お得ですよ」と勧められる。私たちの欲望がバレバレのようだ。デザートには「河越抹茶のムース」が登場した。車窓から見た茶畑を連想しながら味わう、抹茶の上品な香りと甘さは格別だ。

室生犀星記念館

新所02系統	本川越駅7：20
	川越駅西口7：25
川越36系統	川越駅西口7：35
	的場一丁目7：58
高速千曲線	川越的場9：00
	軽井沢駅前11：02

平日の街から観光地軽井沢へ高速移動

　月曜朝7時過ぎの本川越駅前は、昨日とは打って変わって平日らしい様相だ。7時20分発の新所沢駅東口行きには、通勤客で20人ほどのバス待ちの列ができていた。席がすぐに埋まり、立ち客も出る。マスクで無言の人々を乗せ、朝のバスが走る。川越駅西口から乗り継いだ中型バスも込み合っていた。制服の高校生、大学生、外国人、白杖の人、車いすの人など多様な乗客で満員になる。ハンドルを握る運転士さんの肩越しに、昨日と違う責任感が伝わってくる。遠くに見える秩父山地や、久しぶりに目にする水田風景が、また違う景色のなかに私たちを運んでくれることを予感させた。入間川にかかる初雁橋を渡り、的場一丁目のバス停には15分ほどの遅れで到着した。
　バス停は関越道の高架の真下にあった。今日は珍しい高速道路上のバス停・川越的場から、高速バスで軽井沢に向かうのである。築堤にへばりつくようにつくられた階段に柵と門が設けら

れ、「高速バス利用者以外の立ち入り
を禁じます」という看板が掲げられて
いる。コンクリートの階段を上り、工
事現場のような重い鉄の引き戸を開け
ると、目の前が関越道の下り線であっ
た。スピードを上げたクルマが通り過
ぎていく。生身で高速道路沿いに立っ
ていると思うと、ドキドキしてきた。

　西武ライオンズのキャラクター「レ
オ」が大きく描かれた白い西武観光バ
ス「御代田行き」がウインカーを出し
ながら、バス停に入ってきた。一緒に
乗り込むのは、花柄シャツに帽子、ス
ーツケースといういかにも避暑のいで
たちのご婦人２人である。池袋駅から
走ってきたバスは川越的場が最後の乗
車地で、４列シートの車内は行楽客で
ほぼ満席だった。途中、上里SAで休憩
をとり、見る角度により微妙に変わる
妙義山のギザギザの山影を眺めなが
ら、群馬県、長野県へと進んでいく。

　予報によると、この日の軽井沢の最
高気温は28℃。高速を降りると山道に
なり、軽井沢町に入ると山ゆりやあじ
さいの花が見え、鳥の声が聞こえてき
た。高原の涼しさに期待が高まる。５
分遅れで到着した軽井沢駅前は、外国
人旅行者の姿も多く、賑わっていた。

| M系統 | 軽井沢駅11：55
旧軽井沢11：57 |

詩人が愛した緑の庭で避暑気分を堪能

　行楽客たちは楽しげに、心なしかゆ
ったりした雰囲気でバスを待つ。駅前
を吹く風は涼しく、正午近いというの
に過ごしやすかった。バス停の行列は
いつのまにか30人ほどに延びていた。
と、やってきた旧カラーの大型バスを
見て加藤さんが少し興奮した。「谷口
さん、用途外車ですよ」――10年前の

▲ ２日目の朝は新所02系統と川越36系統を乗
り継ぎ、関越自動車道の下の的場一丁目へ

▼ 高速道路上の川越的場バス停から高速バス
千曲線の御代田行きに乗車。上里SAでの
休憩を挟み、11時過ぎに軽井沢駅前に到着

▲ 軽井沢駅からM系統・万座BT行きで旧軽井沢へ。銀座通りの人気店「そば処にし川」で「冷やしなめこおろしそば」を注文する

▼ 詩人・室生犀星の別荘を改修した「室生犀星記念館」。主屋の縁側に座り、犀星が好んだアングルで庭と離れの景観を堪能する

初めての取材で加藤さんが教えてくださったあの"用途外車"である！ 貸切にも対応できるよう、2名掛けの席が多く、ブラインドや網棚がついた特別仕様のバス。行楽客の多い軽井沢にはぴったりだ。なかなか出会えないはずのバスに、なんとここで出会えるとは。わずか2分の乗車で名残を惜しみながら旧軽井沢に到着すると、ウエストミンスターの鐘が正午を告げた。

旧軽井沢の銀座通りにある「そば処にし川」で「冷しなめこおろしそば」（1,100円）を注文した。メニューには中国語が添えてある。後ろで中国語の年配客が、運ばれてきた天ぷらに大喜びで拍手していた。日本の文化を楽しんでくれていることが嬉しくて、思わず私も笑顔で拍手。すぐに店は満席になった。注文のそばはしっかり冷えて味ものどごしも良く、水のきれいな土地にやってきたことを実感する。

食事を済ませて軽井沢でミュージアムめぐり再開だ。商店街から少し路地を入ると、木立のなかに古くからの別荘が点在していた。そのうちのひとつに、詩人・室生犀星（むろうさいせい）の別荘を公開する「室生犀星記念館」（入館無料）がある。板塀に囲まれた敷地に、びっしりと美しい緑の苔が敷き詰められ、4本あるもみじの大木の柔らかい緑の葉陰から木漏れ日が落ちている。1931（昭和6）年建築という別荘の縁側に腰かけると、庭づくりを愛した犀星が最も好んだアングルで庭を眺められる。この別荘で堀辰雄や川端康成など、名だたる作家と交流した犀星だが、縁側のこの場所には絶対に他の人を座らせなかったのだそう。犀星先生、失礼します、と心のなかで断って、しばらく先生自慢の庭を堪能させていただいた。

エルツおもちゃ博物館

| 町内循環 | 旧軽井沢14：22 |
| バス | 風越公園14：54 |

職人が愛情を込めたおもちゃの世界

　銀座通りを戻り、旧軽井沢のバス停から、100円均一の町内循環バスに乗車した。車両は西武バス旧カラーの中型バスである。長野オリンピックのカーリング会場だった風越公園でバスと別れ、緑に囲まれた道沿いを歩くと、「エルツおもちゃ博物館」があった。

　あとで訪れる「軽井沢絵本の森美術館」との2館共通セット券（1,400円）で見学。ドイツ・エルツ地方で300年以上の歴史を誇る木工おもちゃや、ドイツ・スイスの知育玩具を集めた博物館だ。「マイスター」と呼ばれる職人によって1つひとつ手づくりされてきたおもちゃの数々は、工房単位で独自の技術や個性を受け継いでいる。

　この夏の企画展「エルツ地方のミニチュア」では、ヨーロッパ特有の宗教観にもとづくおもちゃ「ノアの方舟<ruby>方舟<rt>はこぶね</rt></ruby>」がおもしろい。船の形の箱に収められたミニチュアの動物たちの人形で、聖書の考え方や、数の数え方を学ぶのだという。木のおもちゃからは独特の温かみが伝わってくる。子どもたちに届けようという、職人たちの愛情もそこにプラスされているような気がした。

軽井沢絵本の森美術館

| L系統 | 軽井沢絵本の森美術館16：58 |
| | 軽井沢駅17：19 |

絵本のような軽井沢の自然が美術館に
　最後のミュージアムは、おもちゃ博

▲ 旧軽井沢から軽井沢町の町内循環バス東・南廻り線（内廻り）で風越公園へ。100円均一のコミュニティバス的な存在だが、西武バスカラーの中型車で運行されている

▼ ドイツ・エルツ地方の伝統的木工工芸おもちゃが展示されている「エルツおもちゃ博物館」。6月10日～10月2日開催の企画展「エルツ地方のミニチュア」を楽しんだ

▲ 建物そのものがファンタジーの世界のような「軽井沢絵本の森美術館」。6月23日～10月9日開催の企画展「童話のなかのアンデルセン」では、童話の挿絵も楽しめた

▼ 急行運転のL系統・塩沢湖線に乗り、木々の緑の下を約20分揺られて軽井沢駅に戻る

物館と道を挟んで向かい側にある「軽井沢絵本の森美術館」である。ヨーロッパの絵本を中心とした貴重な原画や初版本を展示している絵本専門の美術館で、敷地内が絵本のなかのようにさまざまな樹木や花で彩られ、ファンタジーの世界を思わせる建物が展示室となっている。青紫のキキョウ、白く大きなギボウシの花をかき分けるように、4つの棟を巡った。

この夏の企画展「童話のなかのアンデルセン」に心惹かれた。童話作家アンデルセンはもともと役者志望だったそうで、語って聞かせた際の口癖がそのまま作品になっているという。家を持たず放浪の旅を続けながら作品を書き続けた生涯を知り、意外にもアンデルセンを身近に感じることとなった。

美術館を出ると、森から夕暮れを告げるヒグラシの声が降っていた。軽井沢は江戸時代、中山道の宿場町として賑わっていたが、宿駅制度が廃止されて国道が開通すると、急激に衰退したのだという。そんな軽井沢を"避暑地"として見出したのは、カナダ生まれの宣教師・A.C.ショーだった。1886（明治19）年以降、清涼な自然を求めて多くの人が訪れるようになったが、当時は外国人客のほうが多く、町には横文字の看板があふれていたという。軽井沢に独特な魅力をもたらした欧米文化に、少しだけ触れることができるミュージアム体験だった。

軽井沢駅に向かう塩沢湖線の急行バスがやってきた。旅の名残惜しさからいちばん前の席に座る。軽井沢の木々の淡い緑は、傾いた陽射しにも美しく映えている。バスは私の心地良い疲れを乗せて、すいすいと駅へ向かった。

〔2023年7月23～24日取材〕

BUSJAPAN HANDBOOK SERIES

No	タイトル（その他の収録事業者）	発行年
S95	広電バス（グループ1社）	2017年発行
S96	関鉄バス（グループ3社）	2017年発行
S97	名鉄バス（グループ2社）	2017年発行
S98	小田急バス・立川バス（グループ2社）	2018年発行
S99	小湊バス・九十九里バス	2018年発行
S100	北海道中央バス（グループ3社）	2018年発行
V101	京阪バス（グループ2社）	2019年発行
V102	京成バス（グループ6社）	2019年発行
V103	新潟交通（グループ2社）	2020年発行
V104	阪急バス（グループ2社）	2020年発行
V105	岩手県交通	2021年発行
V106	西日本JRバス　中国JRバス（グループ2社）	2021年発行
V107	北陸鉄道（グループ5社）	2021年発行
V108	那覇バス　琉球バス交通	2022年発行
V109	東急バス（グループ1社）	2022年発行
V110	神奈川中央交通（グループ3社）	2022年発行
V111	宮城交通（グループ1社）	2023年発行
V112	神姫バス（グループ3社）	2023年発行
V113	西武バス（グループ2社）	2023年発行
V114	しずてつジャストライン（グループ3社）	次回刊行予定

定価1,100円（本体1,000円＋消費税）
送料　180円（1～3冊）　360円（4～6冊）

【ご購読方法】
ご希望の書籍のナンバー・タイトルを明記のうえ、郵便振替で代金および送料を下記口座へお振込みください。折り返し発送させていただきます。
　郵便振替口座番号：00110-6-129280　加入者名：BJエディターズ
※お申し込みの際には、必ず在庫をご確認ください。
※在庫および近刊、取扱書店等の情報は、ホームページでもご覧いただけます。

BJハンドブックシリーズ V113
西武バス
ISBN978-4-434-32739-1

2023年10月1日発行
編集・発行人　加藤佳一

発行所　BJエディターズ　☎048-977-0577
〒343-0003　埼玉県越谷市船渡360-4
URL　http://www.bus-japan.com
発売所　株式会社星雲社　☎03-3868-3275
（共同出版社・流通責任出版社）
〒112-0005　東京都文京区水道1-3-30
印刷所　有限会社オール印刷工業

終点の構図

佐知川原
SAJIKAWAHARA

　大宮駅を出た大25系統は、雑然とした住宅街の県道2号線を走る。この県道には1941（昭和16）年まで西武大宮線の線路が敷かれていた。川越久保町と大宮駅を結んでいた西武大宮線は、1906（明治39）年に川越電気鉄道が開業。西武鉄道の前身のひとつである武蔵鉄道に譲渡されたが、国鉄川越線の開通により役割を終えた。現在の西武鉄道各線から遠く離れた土地に、西武バスが走っている理由はここにある。

　大25系統は西武バス大宮営業所の先で県道から左折。大宮台地に上がり、新興住宅地に続くセンターラインのない細道を進んで佐知河原に到着する。バス停の東側の緑に覆われた一角は原稲荷神社。6世紀に築造された古墳上に、鎌倉時代に創建されたものだという。大宮台地には植水古墳群が形成され、1983（昭和58）年の発掘調査で勾玉や鉄器などが出土。その一部は「東京国立博物館」に収蔵されたそうだ。

　いまでは想像もつかないが、明治時代までの大宮台地は、人家はおろか立木1本すらない"原"で、それが神社の名前の由来であると案内板に記されていた。川越と大宮を結んだ2軸のチンチン電車の車窓からも、大小の古墳を望むことができたのかもしれない。

〔2023年7月10日取材〕

text&photo ■ 加藤佳一

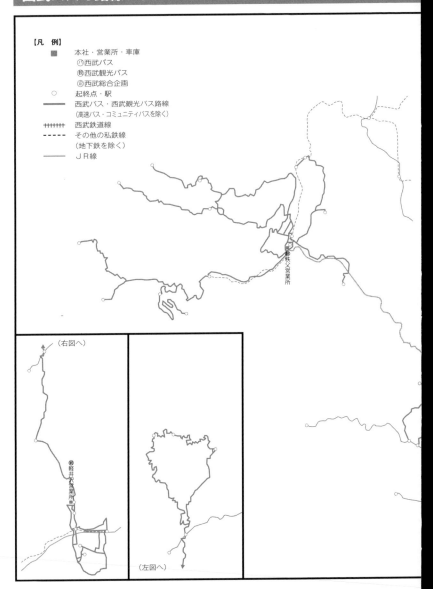

【凡 例】
■ 本社・営業所・車庫
㋐西武バス
㋙西武観光バス
㋛西武総合企画
○ 起終点・駅
━━ 西武バス・西武観光バス路線
（高速バス・コミュニティバスを除く）
┿┿┿┿ 西武鉄道線
‐‐‐‐ その他の私鉄線
（地下鉄を除く）
── ＪＲ線

㋙秩父営業所

（右図へ）

㋙軽井沢営業所

（左図へ）

【本社・営業所・車庫所在地】

西武バス本社	所沢市久米 546 − 1
練馬営業所	練馬区南田中 1 − 13 − 5
上石神井営業所	練馬区石神井台 6 − 16 − 1
滝山営業所	東久留米市下里 3 − 10 − 29
西原車庫	西東京市西原町 4 − 5 − 86
小平営業所	小平市小川町 1 − 336 − 2
立川営業所	立川市高松町 2 − 38 − 9
新座営業所	新座市本多 1 − 12 − 10
所沢営業所	所沢市大字下富 705 − 1
大宮営業所	さいたま市大宮区三橋 1 − 983
川越営業所	川越市南台 1 − 3 − 6
狭山営業所	狭山市柏原 391 − 2
飯能営業所	飯能市美杉台 5 − 4 − 1
西武観光バス本社	所沢市久米 546 − 1
練馬営業所	練馬区高野台 1 − 19 − 7
大宮営業所	さいたま市大宮区三橋 1 − 1016 − 1
狭山営業所	狭山市狭山 1 − 9 − 1
秩父営業所	秩父市野坂町 1 − 16 − 15
軽井沢営業所	北佐久郡軽井沢町長倉 2146
西武総合企画本社	所沢市久米 546 − 1
高野台営業所	練馬区高野台 1 − 19 − 7
所沢営業所	所沢市大字坂之下 975 − 4
所沢センター	所沢市小手指元町 2 − 6 − 1
川越営業所	川越市南台 1 − 3 − 6
狭山営業所	狭山市柏原 391 − 2
飯能営業所	飯能市美杉台 5 − 4 − 1

【高速バス・空港連絡バス】

バスタ新宿・池袋駅東口～万代シテイBC・佐渡汽船ターミナル
バスタ新宿・池袋駅東口～直江津駅前
バスタ新宿・池袋駅東口～富山駅前・氷見営業所
バスタ新宿・池袋駅東口～軽井沢駅前・西武バス軽井沢営業所・御代田駅前
池袋駅東口～上田営業所・別所温泉
二子玉川ライズ～東急ハーヴェストクラブ旧軽井沢
大宮駅西口・サンシャインシティプリンスホテル～富士山駅
大宮営業所～鳥羽BC・磯部BC
大宮営業所～勝浦温泉
大宮営業所～南紀白浜空港
吉祥寺駅～TDR
石神井公園駅北口～羽田空港
所沢駅東口～羽田空港
本川越駅～羽田空港
大宮営業所～羽田空港
所沢駅東口～成田空港
大宮営業所～成田空港

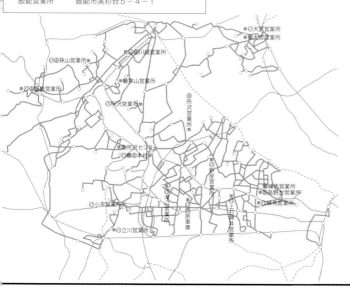

定価：1,100円

本体1,000円 ⑩

発行●BJエディターズ
発売●星雲社
協力●西武バス
　　　西武観光バス
　　　西武総合企画

ISBN978-4-434-32739-1　C0326　￥1000E

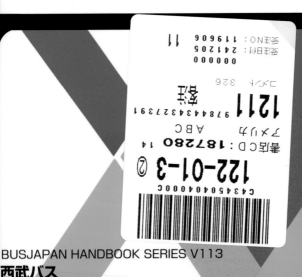

V 106

西日本JRバス 中国JRバス

BUSJAPAN HANDBOOK SERIES

BJ EDITORS
(2021)

BUSJAPAN HANDBOOK SERIES V106

西日本JRバス　中国JRバス

CONTENTS

■制作協力

西日本ジェイアールバス／中国ジェイアールバス／西日本ジェイアールバスサービス／西日本バスネットサービス

■制作スタッフ

WRITER：鈴木文彦　WRITER：谷口礼子
EDITOR：小川　章　EDITOR：加藤佳一

■表紙写真

西日本JRバス京都営業所のノンステップバス（いすゞ 2DG-LV290N3）